Königs Erläuterungen und Materialien
Band 145

Erläuterungen zu

Max Frisch

Andorra

von Bernd Matzkowski

Über den Autor dieser Erläuterung:

Bernd Matzkowski ist 1952 geboren. Er ist verheiratet und hat drei Kinder.
Lehrer (Oberstudienrat) am Heisenberg Gymnasium Gladbeck
Fächer: Deutsch, Sozialwissenschaften, Politik, Literatur/Theater (in NRW in der Sek. II eigenes Fach mit Richtlinien etc.)
Beratungslehrer für Suchtprävention
Ausbildungskoordinator (Betreuung von ReferendarInnen, Abnahme von Staatsexamina)

Hinweis:

Die Rechtschreibung wurde der amtlichen Neuregelung angepasst. Zitate von Max Frisch, Torberg und Brecht müssen auf Grund eines Einspruchs in der alten Rechtschreibung übernommen werden.

3. Auflage 2004
ISBN 3-8044-1702-7
© 2000 by C. Bange Verlag, 96142 Hollfeld
Titelfoto: Joerg Metzner, Berlin
Michael Mienert als Andri und Chiaretta Schörnig als Barblin.
carrousel Theater an der Parkaue, Berlin
Alle Rechte vorbehalten!
Druck und Weiterverarbeitung: Tiskárna Akcent, Vimperk

Inhalt

Vorwort		4
1.	**Max Frisch: Leben und Werk**	6
1.1	Biografie	6
1.2	Zeitgeschichtlicher Hintergrund	10
1.3	Angaben und Erläuterungen zu wesentlichen Werken	15
2.	**Textanalyse und -interpretation**	18
2.1	Entstehung und Quellen	18
2.2	Inhaltsangabe	26
2.3	Aufbau	61
2.4	Personenkonstellation und Charakteristiken	68
2.4.1	Andri	68
2.4.2	Barblin	71
2.4.3	Lehrer	73
2.4.4	Pater	75
2.4.5	Doktor/Tischler/Geselle/Wirt/Jemand/Soldat	76
2.4.6	Senora/Mutter	79
2.4.7	Der Judenschauer	80
2.4.8	Das Selbstbild und das Fremdbild der Andorraner	81
2.5	Sachliche und sprachliche Erläuterungen	86
2.6	Stil und Sprache	87
2.7	Interpretationsansätze	90
3.	**Themen und Aufgaben**	95
4.	**Rezeptionsgeschichte**	97
5.	**Materialien**	99
Literatur		104

3

Vorwort

Während der Erarbeitung dieses Interpretationsbandes im Sommer 2000 erlangen bestimmte Aspekte von Max Frischs *Andorra* eine erschreckende Aktualität. Seit Wochen gibt es immer wieder Nachrichten über rassistische Anschläge, neonazistische Gewalttaten, ausländerfeindliche Aktionen und Demonstrationen mit neonazistischem Hintergrund. In allen demokratischen Parteien werden Überlegungen dazu angestellt, wie man dieser Entwicklung Einhalt gebieten kann – eine Verschärfung entsprechender Gesetze, eine striktere Strafverfolgung und Parteienverbote sind in der Diskussion.

Wenn Max Frisch einmal davon gesprochen hat, dass mit *Andorra* nicht der wirkliche Kleinstaat dieses Namens gemeint sei, sondern dass *Andorra* der Name für ein „Modell" sei, so besteht das Modellhafte darin, dass die Ausbildung und die Auswirkungen von Vorurteilen gezeigt werden.[1] Im Stück *Andorra* geht es um das Anfertigen von Bildnissen gegenüber dem vermeintlichen Juden Andri. In der Bundesrepublik richten sich Anschläge gegen jüdische Synagogen, Gewalttaten, Überfälle und Tötungsdelikte gegen Schwarzafrikaner, Pakistani und Türken, aber auch gegen sog. Punks oder „Alternative", gegen Menschen also, die auf Grund ihrer Hautfarbe, ihrer Kleidung oder auch ihrer Haartracht als (vermeintliche) Fremde zu identifizieren sind und denen man mit Vorurteilen (stereotypen Einstellungen) begegnet (faul, kriminell, laut) bzw. denen man bestimmte gesellschaftliche Entwicklungen anlastet, die in Wirklichkeit die Folge sozialer Umbrüche und

---

1 Max Frisch: „Das Andorra dieses Stücks hat nichts zu tun mit dem wirklichen Kleinstaat dieses Namens, gemeint ist auch nicht ein anderer wirklicher Kleinstaat; Andorra ist der Name für ein Modell." (1957/61) Zitiert nach Max Frisch, *Andorra*. Stück in 12 Bildern. Text und Kommentar. Suhrkamp BasisBibliohek 8, Suhrkamp Verlag, Frankfurt am Main 1999, S.8. Zitate aus den Kommentaren ab jetzt abgekürzt mit „A".

Vorwort

sog. Modernisierungsprozesse sind (Arbeitslosigkeit etc.). Eine ausführliche Beschäftigung mit Frischs Drama, das 1961 seine Uraufführung erlebte, wird den Rezipienten sicherlich dazu veranlassen müssen, über die heutige Wirkungsmacht von Bildnissen und Vorurteilen zu reflektieren. Auf diese Aufgabe wird an dieser Stelle aus zwei Gründen hingewiesen: der Erläuterungsband gibt Verständnishilfen für das Stück selbst, er kann dem Rezipienten die Arbeit der Aneignung des Stückes nicht abnehmen. Gerade bei einem solchen Stück wie *Andorra*, dies ist der zweite Grund, das seit Jahrzehnten zum festen Kanon der im Unterricht behandelten Werke gehört, sollte eine rein literaturhistorische Betrachtung, die dem Stück eine gewisse museale Weihe verleiht, vermieden werden.

Textgrundlage ist die Ausgabe der Suhrkamp BasisBibliothek aus dem Jahre 1999 (vgl. Fußnote 1). Die Entscheidung für diese Ausgabe ist unterrichtspraktischer Natur, denn diese Ausgabe enthält nicht nur den Text von *Andorra*, sondern auch eine gut zu handhabende Materialbasis. Der Text des Stückes ist mit Zeilenangaben und erläuternden Randnotizen (Worterklärungen) versehen; zudem enthält die Ausgabe weitere Wort- und Sacherklärungen im Anhang. Texte von Max Frisch („Anmerkungen zu Andorra" und „Notizen von den Proben"), eine Zeittafel zu Max Frisch sowie ein Kommentar mit Anmerkungen zur Entstehungsgeschichte, zur Rezeption und zur Deutung runden das Material ab.

Bernd Matzkowski, Oktober 2000

1.1 Biografie

1. Max Frisch: Leben und Werk[2]

1.1 Biografie

Jahr	Ort	Ereignis	Alter
1911	Zürich	Geburt am 15. Mai als Sohn des Architekten Franz Bruno Frisch und seiner Gattin Karolina, geb. Wildermuth	
1924		Eintritt ins Realgymnasium des Kantons	13
1930		Germanistikstudium an der Universität Zürich	19
1931–34		Journalistische Arbeiten	20–23
1932		Tod des Vaters	21
1933	Prag	Sportreporter bei der Eishockeyweltmeisterschaft	22
1934		*Jürg Reinhart. Eine sommerliche Schicksalsfahrt* (erste Veröffentlichung)	23
1936	Zürich	Beginn des Architekturstudiums	25
1937		*Antwort aus der Stille* (Erzählung)	26
1939–45		Dienst in der Armee	28–34
1940		*Blätter aus dem Brotsack* Anstellung als Architekt	29
1942		Ehe mit Gertrud Constanze von Meyenburg Gründung eines eigenen Architekturbüros; Frisch gewinnt den	31

---

2 Die Angaben, besonders zu den Preisen und Ehrungen, stellen eine Auswahl dar.

1.1 Biografie

		ersten Preis im Architekturwettbewerb um das städtische Freibad am Letziggraben.	
1943		*J'adore ce qui me brule oder Die Schwierigen* Geburt der Tochter Ursula	32
1944		Geburt des Sohnes Hans Peter Frisch beginnt damit, Dramen zu verfassen.	33
1945	Zürich	*Nun singen sie wieder* (Uraufführung am Schauspielhaus) *Bin oder Die Reise nach Peking*	34
1946		zahlreiche Reisen, u. a. nach Deutschland *Santa Cruz* (Uraufführung) *Die Chinesische Mauer* (Uraufführung)	35
1947		Bekanntschaft mit Brecht und Dürrenmatt Bau des Schwimmbads am Letziggraben *Tagebuch mit Marion*	36
1948		Reisen nach Berlin, Prag und Warschau, Teilnahme am Congrès mondial des intellectuels pour la paix (Wrozlaw/Polen)	37
1949	Zürich	*Als der Krieg zu Ende war* (Uraufführung) Geburt der Tochter Charlotte	38
1950		*Tagebuch (1946–1949)*	39
1951	Zürich	*Graf Öderland* (Uraufführung)	40

1.1 Biografie

	USA	Stipendiat der Rockefeller-Stiftung	
1953	Zürich/Berlin	*Don Juan oder Die Liebe zur Geometrie* (gleichzeitige Uraufführung) *Herr Biedermann und die Brandstifter* (Rundfunkfassung im Bayerischen Rundfunk gesendet)	42
1954		*Stiller* Trennung von der Familie	43
1955		Frisch verkauft sein Architekturbüro.	44
1957		*Homo faber* Reisen nach Griechenland und in die arabischen Staaten	46
1958	Zürich	*Biedermann und die Brandstifter* (Uraufführung) Georg-Büchner-Preis	47
1959		Scheidung	48
1960	Rom	Frisch lebt mit Ingeborg Bachmann zusammen (bis 1962).	49
1961	**Zürich**	***Andorra* (Uraufführung)**	**50**
1962		Frisch lernt Marianne Oellers kennen.	51
1964		*Mein Name sei Gantenbein*	53
1965	Berzona	Frisch kehrt aus Rom in die Schweiz zurück.	54
1966	UdSSR	Reise in die UdSSR	55
1968		*Biographie: Ein Spiel* (Uraufführung)	57

1.1 Biografie

	Berzona	Heirat mit Marianne Oellers	
	UdSSR	zweite Reise in die UdSSR	
1969	Japan	Reise nach Japan	58
1971		*Wilhelm Tell für die Schule*	60
	USA	Aufenthalt in den USA	
1972		*Tagebuch 1966–1971*	61
1974		*Dienstbüchlein*	63
	USA	Erneuter Aufenthalt in den USA	
1975		*Montauk*	
1976		Friedenspreis des Deutschen Buchhandels	65
	China	Reise nach China	
		Gesammelte Werke in zeitlicher Folge	
1978		*Triptychon. Drei szenische Bilder.*	67
1979		*Der Mensch erscheint im Holozän.*	68
	Berzona	Scheidung von M. Oellers	
1981	New York	Neben Berzona hat Frisch auch in New York einen Wohnsitz.	70
1982		*Blaubart. Eine Erzählung.*	71
1984	Zürich	Frisch lebt wieder in Zürich.	73
1987	Moskau	Reise nach Moskau	76
1989		*Schweiz ohne Armee? Ein Palaver.*	78
1990		*Schweiz als Heimat? Versuche über 50 Jahre.*	79
1991	Zürich	Frisch stirbt am 4. April kurz vor seinem 80. Geburtstag in seiner Wohnung in Zürich.	79

1.2 Zeitgeschichtlicher Hintergrund

Wenn hier über den zeitgeschichtlichen Hintergrund von Frischs *Andorra* gesprochen werden soll, so ist dabei zu berücksichtigen, dass zwischen dem ersten Entwurf (1946), den Vorstufen, der Fertigstellung und der Uraufführung des Stücks immerhin 15 Jahre liegen. Frischs Drama erscheint in einer Zeit, in der – im Bewusstsein der meisten Menschen – die Schrecken des II. Weltkrieges und die Verbrechen der Nationalsozialisten schon Geschichte sind.

Die Nachkriegszeit: Wiederaufbau und Restauration

In den 50er Jahren ging es der Mehrheit der Bevölkerung darum, sich aus der schlimmsten Not der Nachkriegszeit zu befreien und am sich abzeichnenden ökonomischen Aufschwung teilzuhaben, nicht aber um eine kritische Reflexion der eigenen Vergangenheit. Zwar beginnt im Frühjahr 1961 der Prozess gegen Adolf Eichmann, der 1960 von israelischen Agenten in Argentinien verhaftet worden war, aber diese Gerichtsverhandlung gegen einen der Organisatoren des Massenmordes an den Juden findet nicht in Europa, sondern in Israel statt.

Kalter Krieg

Europa ist in dieser Zeit die Nahtstelle des Konflikts, der die Weltpolitik bestimmt, des Konfliktes zwischen den beiden Hegemonialmächten USA und UdSSR und ihrer Verbündeten nämlich. Schon bald nach dem Ende des II. Weltkrieges war die Koalition der Sieger zerbrochen; die Blockade Berlins (1948/49), der Koreakrieg (1950–1953) und die Suez-Krise (1956) waren deutliche Zeichen der Blockkonfrontation, deren steinernes Symbol die Mauer in Berlin werden sollte (13. August 1961). War die internationale Lage also durch den „Kalten Krieg" bestimmt, so vollzog sich der Wiederaufbau Deutschlands im Zeichen des sog. „Wirtschaftswunders" auf der einen und der politi-

1.2 Zeitgeschichtlicher Hintergrund

schen Restauration der Adenauer-Ära auf der anderen Seite. In diese Phase der politischen Restauration und des wirtschaftlichen Aufschwungs in Deutschland, in die 50er Jahre also, fällt Frischs Aufstieg als Autor. Er ist dem deutschen Lese- und Theaterpublikum längst kein Unbekannter mehr, als *Andorra* 1962 auch auf die bundesrepublikanischen Bühnen kommt. Mit seinem Roman *Stiller* hatte er den ersten wirklich großen Erfolg erzielt (1954), sein *Homo faber* mehrte seinen Ruhm, und die Verleihung des renommierten Georg-Büchner-Preises hatte ihn literarisch geadelt. Der Schweizer Autor schien den Deutschen ein gleichermaßen unabhängiger wie kritischer Geist zu sein, der gewillt war, seinen eigenen Weg zu verfolgen, und sich deshalb die Freiheit heraus nehmen konnte, im Jahre 1948 am „Weltkongress der Intellektuellen für den Frieden" in Polen teilzunehmen und nur drei Jahre später als Stipendiat der Rockefeller-Stiftung in die USA zu gehen. Der Erfolg Frischs in jener Zeit mag sich u. a. daraus erklären, dass die Zeitkritik in seinen Werken (Romanen und Theaterstücken) sozusagen immer nur nebenher erfolgt und eingearbeitet ist in grundsätzlichere Fragestellungen, wie etwa die Bildnis- und Vorurteilsthematik.[3]

Zum Erfolg von *Andorra* trug allerdings auch bei, dass sich das gesell-

> Veränderung des geistigen Klimas in den 60er Jahren

schaftliche, politische und geistige Klima in der Bundesrepublik in den 60er Jahren allmählich zu verändern begann. Das wirtschaftlich erstarkte und angesehene Westdeutschland wollte den wirtschaftlichen Aufschwung nun auch moralisch begleiten. Wolfgang Durzak schreibt:

> *„Es wäre also die Frage zu stellen, ob die Wirkung von Frischs Stück nicht im Rahmen jener moralischen Regenerationsbewe-*

---

3 vergl. Stephan: *Max Frisch*, S. 63

1.2 Zeitgeschichtlicher Hintergrund

> *gung in Deutschland zu sehen ist, die, unter der Flagge Bewälti-*
> *gung der Vergangenheit segelnd, sich während der sechziger*
> *Jahre in zahlreichen Prozessen über im Dritten Reich began-*
> *gene Verbrechen zeigte. Was der Eichmann-Prozess in Israel im*
> *großen vorexerzierte, wurde in vielen ähnlichen Prozessen in*
> *Deutschland nachgeholt. Nachdem der Wohlstandsboom sei-*
> *nen Segen allerorts verbreitet hatte, setzte man an, auch mora-*
> *lisch reinen Tisch zu machen und die Übeltaten der Vergangen-*
> *heit juristisch einzuordnen, um das kollektive Schuldgefühl*
> *Deutschlands zu erleichtern.*"[4]

Folgt man der Argumentation Durzaks, so hat es dem Erfolg von *Andorra* ganz offensichtlich nicht geschadet, dass das Stück gerade durch den auch von Frisch selbst immer wieder betonten Modellcharakter das deutsche Publikum nicht un- mittelbar mit dem Vorwurf der nationalsozialistischen Gesin- nung oder gar der direkten Mittäterschaft am Holocaust konfrontierte, sondern durch die Betonung der Vorurteils- thematik dem Publikum ein Ausweichen ins Unverbindliche ermöglichte. Das Modellhafte, die parabolische Form, hielt nicht nur die deutsche Vergangenheit in gewisser Weise auf Distanz, sondern ermöglichte dem

Andorra und das Publikum

Publikum auch ein Wegtauchen vor der Reflexion über eine eigene Verstrickung in (historische) Schuld. Dies kann dem Autor Frisch allerdings nicht zum Vor- wurf gemacht werden; ihm ging es sicher nicht um einen Dispens des Publikums von der Auseinandersetzung mit der jüngsten Vergangenheit. Ganz im Gegenteil; Frisch selbst wollte den Blick gerade weglenken von der Fixierung auf die Organisatoren des Massenmordes und auf die Verantwortung

---

4   Durzak, S. 220 f. Einer der bekanntesten Prozesse war der Auschwitz-Prozess, der im Dezem-
    ber 1963, also erst achtzehn Jahre nach Ende der Nazi-Herrschaft, in Frankfurt begann.

1.2 Zeitgeschichtlicher Hintergrund

jedes Einzelnen hinweisen. Im Januar 1961 schreibt Frisch an den Suhrkamp Verlag:

> *„Das Stück handelt (soweit es nicht nur das Stück von Andri ist), nicht von den Eichmanns, sondern von uns*

Frisch zum Thema „NS-Vergangenheit"

> *und unseren Freunden, von lauter Nichtkriegsverbrechern, von Halbspaß-Antisemiten, d.h. von den Millionen, die es möglich machten, daß Hitler (um schematisch zu reden) nicht hat Maler werden müssen. (...) Für mich, wenn ich das sagen darf, gehört es zum Wesentlichen des Einfalls, daß die Andorraner ihren Jud nicht töten, sie machen ihn nur zum Jud in einer Welt, wo das ein Todesurteil ist. So sehr ich dafür wäre, daß die Eichmanns, die Vollstrecker gehängt werden, so wenig interessieren sie mich, genauer: ich möchte die Schuld zeigen, wo ich sie sehe, unsere Schuld, denn wenn ich meinen Freund an den Henker ausliefere, übernimmt der Henker keine Oberschuld."*[5]

Noch deutlicher hat Max Frisch seine Haltung in einem Interview mit der Wochenzeitung *Die Zeit* (Ausgabe vom 3. 11. 1961) gemacht. Er sagt dort u. a.:

> *„Die Schuldigen sitzen ja im Parkett. Sie, die sagen, daß sie es nicht gewollt haben. Sie, die schuldig wurden, sich aber nicht mitschuldig fühlen. Sie sollen erschrecken, sie sollen, wenn sie das Stück gesehen haben, nachts wach liegen. Die Mitschuldigen sind überall."*[6]

Es mag dahin gestellt sein, ob Frischs Anliegen, den Einzelnen dazu aufzufordern, über seine Mitschuld nachzudenken, Erfolg gehabt hat. Im Laufe der 60er Jahre werden die Rufe nach einer Auseinandersetzung mit der Nazi-Vergangenheit in

---

5 zitiert nach A, S. 144
6 zitiert nach A, S. 145

1. Max Frisch: Leben und Werk

1.2 Zeitgeschichtlicher Hintergrund

Westdeutschland jedenfalls immer lauter. Die Generation der „Nachgeborenen" (Brecht), die sog. 68er-Bewegung, konfrontiert die Generation der Väter mit der Frage nach der Schuld und Mitschuld am Holocaust. So gesehen, war Max Frisch mit seinem Stück *Andorra* der Zeit voraus.

1.3 Angaben und Erläuterungen zu wesentlichen Werken[7]

Folgt man den Überlegungen von Gerhard und Mona Knapp, so lässt sich das Werk Max Frischs in zwei große Werkgruppen einteilen, nämlich Werke der „privaten, persönlichen Sphäre", zu denen *Stiller, Biographie, Santa Cruz, Don Juan* und *Triptychon* zu zählen sind, und Werke, die sich mit eher politischen bzw. „öffentlichen" Themen befassen, also etwa *Nun singen sie wieder, Als der Krieg zu Ende war* und *Biedermann und die Brandstifter*.[8]

Die Verbindung zwischen *Andorra* und dem Gesamtwerk ergibt sich aus der gewählten Form (Parabel), aus der politischen Thematik (Antisemitismus, Vorurteil) und der Bildnis-Thematik. Die politische (öffentliche) Thematik und die Bildnis-Thematik sind in *Andorra* über die Figur Andris miteinander verknüpft.

> *Andorra und das Gesamtwerk von Max Frisch*

Die Form (Parabel) stellt Bezüge zu Max Frischs *Santa Cruz* und *Biedermann und die Brandstifter* her, welches Frisch im Untertitel ein „Lehrstück ohne Lehre" genannt hat. Über *Biedermann* und *Andorra* hat sich Frisch in einem Gespräch einmal so geäußert:

> *Parabel als Form*

> „*Biedermann und Andorra sind Parabeln. (...) Das Verfahren der Parabel: Realität wird nicht auf der Bühne imitiert, sondern kommt uns zum Bewußtsein durch den ‚Sinn', den das Spiel ihr verleiht; die Szenen selbst geben sich offenkundig als ungeschichtlich, als Beispiel fingiert, als Modell und somit als Kunst-Stoff.*"[9]

---

7 vergl. zu diesem Abschnitt A. Stephan, S. 3 ff. und Knapp/Knapp, S.9 ff.
8 Knapp/Knapp, S. 9
9 zitiert nach Wendt; Schmitz, S. 65

1.3 Erläuterungen zu wesentlichen Werken

Eine Verbindung ergibt sich zum Stück *Biedermann und die Brandstifter*, aber auch zu Werken wie *Die Chinesische Mauer* oder *Nun singen sie wieder* und *Als der Krieg zu Ende war*. Hier geht es um die Auseinandersetzung mit der Vorurteilsthematik auf politischer/nationaler Ebene oder – damit eng verbunden – um die Thematik der Unbelehrbarkeit von Menschen. *Andorra* ist eher als dieser öffentlichen oder politischen Thematik zugehörig verstanden bzw. rezipiert worden, wenngleich die Bildnis-Thematik das Schicksal Andris bestimmt. Die Bildnis-Thematik oder, aus anderer Perspektive, die Suche nach Identität bzw. der Abbau einer falschen Identität verbindet *Andorra* mit den Prosawerken *Stiller* und *Mein Name sei Gantenbein* sowie *Homo faber*. Die Stärke von Max Frischs *Andorra* mag darin liegen, dass er für die Verbindung von politischer Thematik und Bildnis-Problematik eine geeignete Form gefunden hat.

| Vorurteile und Unbelehrbarkeit |

| Bildnis und Identität |

1.3 Erläuterungen zu wesentlichen Werken

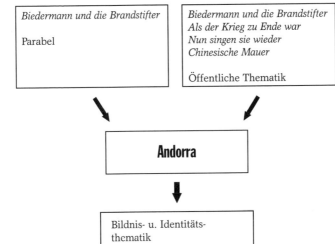

2.1 Entstehung und Quellen

2. Textanalyse und -interpretation

2.1 Entstehung und Quellen

Max Frisch selbst hat auf die Umstände, den Ort und die Entstehungszeit der Fabel (des stofflichen Kerns) von *Andorra* hingewiesen: „Sie ist erfunden, und ich erinnere mich in diesem Falle sogar, wann und wo sie mir eingefallen ist: 1946 im Café de la Terrasse, Zürich, vormittags. Geschrieben als Prosaskizze, veröffentlicht im *Tagebuch 1946-1949*, betitelt: *Der andorranische Jude*."[10]

Die Prosaskizze
Der andorranische Jude

Frischs Prosaskizze *Der andorranische Jude* kann somit als stofflicher Kern des späteren Theaterstücks gesehen werden. In der Prosaskizze geht es um einen jungen Mann (einen Namen hat er nicht), den die Andorraner für einen Juden halten, den sie mit ihrem Bildnis von ihm konfrontieren und der allmählich diesem Bildnis immer ähnlicher wird. Nach seinem grausamen Tod, der in der Prosaskizze nur genannt, nicht aber geschildert wird, erfahren die Andorraner, dass der Junge gar kein Jude war, sondern ein Andorraner. Frisch hat sich zu den Unterschieden zwischen der im *Tagebuch* fest gehaltenen Prosaskizze und dem späteren Stück einmal so geäußert: „Eine erste Grundskizze, gekritzelt auf eine Zigarettenschachtel, und dann die vergrößerten Baupläne mit genauen Maßen und genauen Materialangaben, das ist der Unterschied."[11]
Frischs Beschreibung des Verhältnisses zwischen der Tagebuch-Version und dem späteren Stück, ganz in der Sprache

---

10 zitiert nach Wendt; Schmitz, S. 41
11 zitiert nach Wendt; Schmitz, S. 26

2.1 Entstehung und Quellen

des Architekten Frisch gehalten, könnte den Eindruck erwecken, der Unterschied zwischen den beiden Texten wäre wesentlich der differenzierten Ausgestaltung des Stücks geschuldet. Und natürlich ist es so, dass die Handlung, die Figuren, der Spannungsbogen im Stück ausgearbeitet sind, wogegen die Skizze oftmals mit knappen Andeutungen auskommt. Es gibt aber auch wesentliche inhaltliche Unterschiede, Veränderungen also, die Frisch, gemessen am Prosatext, für das Theaterstück vorgenommen hat.

In der Prosaskizze ist der Junge, der zu Tode kommt, tatsächlich Andorraner, was sich aber erst nach seinem Tode erweist. In der Skizze heißt es:

> Unterschiede zwischen der Prosaskizze und dem Stück *Andorra*

„Bis es sich eines Tages zeigt, was er selber nicht hat wissen können, der Verstorbene: daß er ein Findelkind gewesen, dessen Eltern man später entdeckt hat, ein Adorraner wie unsereiner."[12] Im Stück ist der Junge (Andri) Kind des Lehrers Can, eines Andorraners, und einer „Schwarzen", und der Lehrer Can, der nicht den Mut hat einzugestehen, dass er ein gemeinsames Kind mit einer Frau aus den Reihen der als Feinde gesehenen Schwarzen hat, erfindet die Legende vom geretteten Judenkind. „Damit wird die Bildnisthematik dupliziert: Wegen des Kollektivurteils über die Schwarzen hat Can seinen Sohn als gerettetes Judenkind ausgegeben, sich und Andri damit einen Bonus erworben, der sich aufgrund der in Andorra herrschenden, nur zeitweise dispensierten antijüdischen Vorurteile in einen Malus verkehrt."[13] Im Stück wird Andris wahre Herkunft vor seinem Tod offenbar, aber Andri hat zu diesem Zeitpunkt die gesellschaftliche Rolle des Juden, die ihm die anderen zugewiesen haben, bereits verinnerlicht.

---

12 zitiert nach Bänzinger, S. 27
13 Müller-Salget, S. 61

2.1 Entstehung und Quellen

Der zweite Unterschied besteht in der Reaktion der Andorraner auf das Geschehene. In der Prosaskizze heißt es über das Verhalten der Andorraner, nachdem sie erfahren haben, dass der Junge Andorraner war: „Man redete nicht mehr davon. Die Andorraner aber, sooft sie in den Spiegel blickten, sahen mit Entsetzen, daß sie selber die Züge des Judas tragen, jeder von ihnen."[14] Beim Blick in den Spiegel gestehen sich die Andorraner der „Skizze" also ihre Schuld ein, aber sie reden nicht (mehr) über das Geschehene. Im Theaterstück *Andorra* reden die Andorraner, an die Zeugenschranke tretend, über das Geschehene, weisen aber – mit Ausnahme des Paters – jegliche Schuld von sich.

In der Prosaskizze des *Tagebuchs*, dies ist der dritte Unterschied, liefert Frisch eine Interpretations- bzw. Verständnishilfe nach und kommt auf die Bildnis-Thematik zu sprechen:

Bildnis-Thematik

> „Du sollst dir kein Bildnis machen, heißt es, von Gott. Es dürfte auch in diesem Sinne gelten: Gott als das Lebendige in jedem Menschen, das, was nicht erfassbar ist. Es ist eine Versündigung, die wir, so wie sie an uns begangen wird, fast ohne Unterlaß wieder begehen – ausgenommen wenn wir lieben."[15]

Diese Ausführungen, die ihr Gewicht für eine Deutung des Textes dadurch erhalten, dass sie an das Ende der Prosaskizze gerückt sind und somit als Verallgemeinerung des zuvor gegebenen konkreten Falls gelten können, finden sich im Stück in einer Äußerung des Paters wieder, der zugesteht, dass auch er sich ein Bildnis von Andri gemacht hat und dadurch schuldig geworden ist (siehe A. S. 62).

Die Bildnis-Thematik steht im Kontext des Alten Testaments und des II. Gebots, das lautet: „Du sollst dir kein Bildnis noch

14 zitiert nach Bänzinger, S. 27
15 zitiert nach Bänzinger, S. 27

2.1 Entstehung und Quellen

irgendein Gleichnis machen, weder von dem, was oben im Himmel, noch von dem, was unten auf Erden, noch von dem, was im Wasser unter der Erde ist." (2. Mose, 20) Frisch sieht nun dieses biblische Gebot, das sich auf Gott bezieht, im Hinblick auf den Menschen, denn er versteht Gott, wie es oben heißt, als das *Lebendige in jedem Menschen*, als das, was nicht *erfassbar* ist. Wie Gott im Gebot verlangt, dass sich die Menschen von ihm keine Bildnisse machen, weil diese Bildnisse in ihrer Eingeschränktheit der Grenzenlosigkeit Gottes nicht gerecht werden können, so sieht Frisch in einem Bildnis, das wir uns von einem Menschen machen, eine Festlegung, die der Individualität des Einzelnen nicht gerecht werden kann. Dem Anfertigen von Bildnissen stellt Frisch die Liebe gegenüber. Im *Tagebuch* notiert er:

> *„Es ist bemerkenswert, daß wir gerade von dem Menschen, den wir lieben, am mindesten aussagen können, wie er sei. (...) Wir wissen, daß jeder Mensch, wenn man ihn liebt, sich wie verwandelt fühlt, wie entfaltet, und daß auch dem Liebenden sich alles entfaltet, das Nächste, das lange Bekannte. (...) Die Liebe befreit es aus jeglichem Bildnis. Das ist das Erregende, das Abenteuerliche, das eigentlich Spannende, daß wir mit den Menschen, die wir lieben, nicht fertig werden: weil wir sie lieben; solange wir lieben.*"[16]

Bildnis und Liebe

Der Zusammenhang von Bildnisthematik und Liebe, auf den Frisch in der zitierten *Tagebuch*-Passage zu sprechen kommt, hat auch eine Bedeutung im Zusammenhang mit dem Andorra-Stück. Hier gelingt es der Liebe zwischen Barblin und Andri (die Beziehung der beiden Figuren findet in der Prosa-

---

16 zitiert nach Wendt; Schmitz, S.69. Zur Bildnisthematik im Zusammenhang mit Brecht siehe Kapitel 5.

2.1 Entstehung und Quellen

skizze keine Erwähnung) nicht, das Anfertigen von Bildnissen zu überwinden (siehe hierzu u. a. 2.4).

Max Frisch ist sich beim Notieren der Prosaskizze nicht von Anfang an darüber im Klaren gewesen, welch großen Stoff für ein Stück er aufs Papier gebracht hatte.

> *„Erst nach Jahren, nachdem ich die erwähnte Tagebuchskizze mehrere Male vorgelesen hatte, entdeckte ich, daß das ein großer Stoff ist, so groß, daß er mir Angst machte, Lust und Angst zugleich – vor allem aber, nachdem ich mich inzwischen aus meinen bisherigen Versuchen kennengelernt hatte, sah ich, daß dieser Stoff **mein** Stoff ist. Gerade darum zögerte ich lang, wissend, daß man nicht jedes Jahr seinen Stoff findet."*[17]

Rezension der Andorranischen Abenteuer

Kann die Prosaskizze *Der andorranische Jude* als stoffliche Hauptquelle für das spätere Stück gelten, so gibt es auch Hinweise darauf, warum Frisch ausgerechnet einen Staat namens Andorra zum Handlungsort seines Dramas gemacht, von dem er ja ausdrücklich sagt, dass damit nicht der Kleinstaat in den Pyrenäen gemeint ist, sondern dass Andorra als Name eines Modells zu verstehen sei. Am 21. Dezember 1932, lange vor der Niederschrift der Prosaskizze also, hat Max Frisch Marieluise Fleißers Geschichten *Andorranische Abenteuer* in der Neuen Zürcher Zeitung besprochen. Fleißers Geschichten, die allerdings eher den Charakter einer Reisereportage haben, können wiederum der Anlass für Max Frisch gewesen sein, die im ersten Tagebuch unter dem Titel *Marion und die Marionetten* niedergeschriebene Szene in Andorra spielen zu lassen, von dem es heißt. „Andorra ist ein kleines Land, und schon darum ist das Volk, das darin lebt, ein sonderbares Volk, ebenso mißtrauisch wie ehrgeizig, mißtrauisch gegen

---

17 zitiert nach Wendt; Schmitz, S. 26

2.1 Entstehung und Quellen

alles, was aus den eignen Tälern kommt."[18] Marion, ein Puppenspieler, sieht sich mit Heuchelei konfrontiert, aber auch sich selbst sieht er als Judas im Spiegel (vergl. hierzu die Prosaskizze) und begeht schließlich Selbstmord. In dem Kapitel „Marion und die Gespenster" wird die Vorurteils- und Bildnisthematik angesprochen, Marion sieht sich in einen Konflikt mit einem Menschen namens Pedro verwickelt, der gewisse Parallelen zum Konflikt Andris mit Peider aufweist (beachte auch die gleiche Silbenzahl und den gleichen Anfangskonsonanten der Namen Peider und Pedro). In *Andorra* wiederum findet sich eine Bemerkung Andris gegenüber dem Pater, die auf den Puppenspieler Marion und das Marionetten-Motiv verweist. Andri sagt zum Pater: „Alle benehmen sich heut wie Marionetten, wenn die Fäden durcheinander sind, auch Sie, Hochwürden." (S. 77)

Nach den Szenen um den Puppenspieler Marion folgen im *Tagebuch* die Kapitel *Du sollst dir kein Bildnis machen* und die Skizze *Der andorranische Jude*.

Max Frisch hat über viele Jahre mit seinem Stoff gerungen, bevor er ihn in die

Arbeit am Stück Andorra

Theater-Fassung brachte, die wir heute kennen. Im Mai/Juni 1958 überarbeitete er das *Tagebuch 1946–1949* für eine Sonderausgabe als „Suhrkamp-Hausbuch"; für das Schauspielhaus Zürich war eine Uraufführung in der Spielzeit 1958/59 geplant, aber Frisch war von den Ergebnissen seiner Arbeit nicht überzeugt. Der ersten Fassung folgten vier weitere, das Manuskript wurde im Dezember 1960 abgeschlossen, der Titel endgültig 1961 festgelegt. Ab August 1961, vor allem aber während der Proben am Zürcher Schauspielhaus, nahm Frisch weitere Veränderungen vor.[19] 15 Jahre, nachdem Frisch sei-

---

18 zitiert nach Bänzinger, S. 23
19 Ausführlich dokumentiert sind diese Veränderungen bei Wendt; Schmitz, S. 29–40.

2.1 Entstehung und Quellen

nen Einfall notiert hatte, hatte das Theaterstück dann in Zürich Premiere.

Frischs Bekanntschaft mit Brecht

Das Schauspielhaus Zürich ist dabei nicht zufällig der Ort der Uraufführung; das Züricher Schauspielhaus ist nämlich nicht nur das Haus der Uraufführungen der meisten Theaterstücke Frischs und seines Landsmannes Dürrenmatt, sondern auch Aufführungsort von vier Theaterstücken Bertolt Brechts während der Exilzeit gewesen. 1941 hatte in Zürich *Mutter Courage und ihre Kinder* Premiere, 1943 kamen hier Brechts Parabelstück *Der gute Mensch von Sezuan* heraus und sein Drama *Leben des Galilei*. 1948 erlebte, unter Beteiligung von Brecht selbst, sein Stück *Herr Puntila und sein Knecht Matti* seine Uraufführung in Zürich. Aus dieser Zeit (1947/48) resultiert auch die Bekanntschaft zwischen Frisch und Brecht, der, aus dem amerikanischen Exil kommend, in der Schweiz Zwischenstation machte, bevor er endgültig nach Deutschland (in den östlichen Teil allerdings) zurückkehrte.

Regelmäßig trafen sich die beiden Autoren. 1948 stellte Brecht

Einflüsse der Theatertheorie Brechts auf das Schaffen von Max Frisch

Max Frisch auch das Manuskript seiner Schrift *Kleines Organon für das Theater* zur Verfügung und es kam zu einer intensiven theatertheoretischen Debatte zwischen Bertolt Brecht und Max Frisch, der wiederum – in Abgrenzung von Brechts epischem (dialektischem) Theater und zum Theater Thornton Wilders – seine Überlegungen zum *Theater ohne Illusion* entwickelte. Max Frisch sah in Brecht nicht nur das zur damaligen Zeit „größte Talent in deutscher Sprache"[20], sondern fühlte sich Brecht auch im Gespräch oft unterlegen: „Unser Gespräch wird fruchtbar immer dann, wenn ich ihm die Reflexion überlasse, meiner-

---

20 Bircher, S. 151

2.1 Entstehung und Quellen

seits nur das Konkrete liefere, (...) meinerseits habe ich dort, wo Brecht mich mit seiner Dialektik matt setzt, am wenigsten von unserem Gespräch; man ist geschlagen aber nicht überzeugt (...)."[21] Dies hinderte Frisch jedoch nicht daran, Elemente des Theaters Bertolt Brechts für seine eigene Arbeit fruchtbar zu machen. So kann man die Vordergrundszenen in Frischs *Andorra* als ein Element des Anti-Illusionismus sehen, wie es auch im Theater Brechts zu finden ist (Figuren, die sich direkt ans Publikum wenden, Einbau von Songs etc.). Zudem ist *Andorra* ein Parabelstück, eine Form des Theaters, die auch Brecht für sich zu nutzen wusste (etwa *Der gute Mensch von Sezuan*), weil die Form der Parabel ihm als geeignet erschien, die in seinen Werken zum Ausdruck kommenden weltanschaulichen Positionen zu transportieren. Auf dieser Ebene liegt auch die Hauptdifferenz zwischen Brecht und Frisch, der eben, ganz anders als Brecht, sein Theater nicht im Kontext einer ausgeformten – bei Brecht der marxistischen – Weltanschauung sah.

In diesem Zusammenhang hat Max Frisch einmal zu *Andorra* gesagt, das Stücks sei „kein Versuch, über Brecht hinauszugehen, hingegen ein Versuch mit dem Epischen Theater, ohne die ideologische Position von Brecht zu übernehmen; das Modell als Mittel, eine Thematik durch Entaktualisierung freizulegen."[22]

---

21 zitiert nach Bircher, S. 152 f.
22 zitiert nach Wendt; Schmitz, S. 19

2.2 Inhaltsangabe

Erstes Bild (S. 9–24)

Am Tag vor dem Fest zu Ehren des Heiligen Georg versieht Barblin das elterliche Haus mit einem neuen weißen Anstrich, wobei sie von dem Soldaten Peider beobachtet wird. Barblin spricht Peider auf seine anzüglichen Blicke an, spricht von ihrem Verlobten und sagt Peider ins Gesicht, dass sie ihn nicht mag.

Im Vordergrund der Bühne reicht der Küchenjunge Andri dem Tischler seinen Stock und wirft das Trinkgeld, das er bekommt, in ein Orchestrion.

Peider fährt mit seinen Anzüglichkeiten gegenüber Barblin fort, macht sich über den Pater lustig und fragt Barblin, wo sie ihre Kammer habe. Der Pater betritt die Szene, lobt Barblin für ihr Tun und drückt seine Hoffnung aus, dass nicht ein Platzregen komme, woraufhin Peider sagt, der Platzregen würde zeigen, dass unter der weißen Tünche auch die Kirche rot von der roten Erde sei, aus der sie gemacht worden sei.

Als Peider verschwunden ist, spricht Barblin den Pater auf die Aussage Peiders an, dass die „Schwarzen" Andorra überfallen würden. Der Pater beantwortet Barblins Frage zunächst nicht, sondern kommt auf Barblins Vater, den Lehrer, zu sprechen. Er erzählt Barblin, dass ihr Vater in betrunkenem Zustand Gerüchte in die Welt setze und behaupte, die Andorraner seien auch nicht besser als die Schwarzen; zudem, fährt der Pater fort, bedrohe niemand Andri und niemand habe ihm bisher ein Haar gekrümmt. Kurz geht er auf die Frage Barblins nach den Gerüchten über die Schwarzen ein und sagt dazu, dass niemand ein Interesse daran haben könne, ein armes, schwaches, friedliches und frommes Land wie Andorra zu überfallen. Der Pater fährt mit seinem Rad davon, ohne dass

2.2 Inhaltsangabe

Barblin es bemerkt, die weiter weißelt. Im Vordergrund der Bühne reicht Andri dem Jemand seinen Hut und bekommt ein Trinkgeld dafür. Barblin, die annimmt, der Pater stehe noch hinter ihr, fragt nun, ob es richtig sei, dass die Schwarzen, wenn sie kämen, jeden Juden an einen Pfahl binden und ihn ins Genick schießen würden. Sie erschrickt sich, als sie merkt, dass der Jemand hinter ihr steht, der ihr Vorwürfe wegen ihrer Reden macht. Wie schon Peider und der Pater zuvor äußert sich der Jemand zum Wetter und meint, ein Gewitter hinge in der Luft. Während der Jemand verschwindet und Andri erneut das Orchestrion ertönen lässt, erscheinen der Lehrer und der Tischler, die wegen einer Lehrstelle für Andri miteinander sprechen. Der Tischler meint, Andri habe es nicht im Blut, diesen Beruf zu erlernen. Der Lehrer macht Prader, den Tischler, auf einen Pfahl aufmerksam, der seiner Aussage nach am Tag zuvor noch nicht auf dem Platz gestanden habe. Prader aber leugnet es, einen Pfahl zu sehen. Er besteht darauf, gehen zu müssen und verlangt vom Lehrer 50 Pfund, wenn er Andri in die Lehre nehmen soll. Der Lehrer sagt, dass er das Geld nicht habe. Der Wirt betritt die Szene, und der Lehrer beklagt sich bei ihm über den Wucherpreis, den Prader für die Lehre verlangt. Der Wirt meint, die Andorraner seien wie die Juden, wenn es ums Geld ginge. Vom Lehrer gefragt, woher er wisse, wie Juden seien, verteidigt sich der Wirt mit dem Hinweis, er wisse, dass Andri eine Ausnahme sei und dass er ihn als Küchenjunge angenommen habe. Auch den Wirt spricht der Lehrer wegen des Pfahls an; der Wirt sagt jedoch, er wisse nicht, wer den Pfahl aufgestellt habe und welchem Zweck er dienen solle. Der Wirt lenkt das Gespräch erneut auf Andris Lehre und den Preis dafür. Er macht dem Lehrer den Vorschlag, ihm Land abzukaufen und dafür die vom Tischler verlangten 50 Pfund zu bezahlen. Barblin tritt

2.2 Inhaltsangabe

hinzu und macht ihrem Vater Vorwürfe, weil er sein Verspre-
chen gebrochen hat, am Sankt Georgstag nichts zu trinken.
Eine Prozession zieht unter Glockengeläut an der Kneipe vorbei, Andri teilt Barblin mit, er werde Tischler werden, Barblin
schließt sich der Prozession an. Andri ruft ihr nach, dass sie
heiraten würden.

Der Wirt wirft den Soldaten Peider, der angetrunken ist, aus
der Kneipe. Peider stellt Andri, der vorbei geht, ein Bein, so
dass Andri stürzt. Andri wirft Peider vor, betrunken zu sein
und zu stinken; Peider meint, Andri müsse sich als Jude beliebt machen, Andri will einer weiteren Auseinandersetzung
aus dem Weg gehen. Als Peider meint, einer wie Andri könne
noch nicht einmal Soldat werden, weist Andri ihn darauf hin,
dass er Tischler werden wolle. Darauf hin schlägt Peider Andri
das Geld, das dieser als Küchenjunge verdient hat, aus der
Hand; während Andri das Geld aufsammelt, behauptet Peider,
er habe keine Angst, gegen die Schwarzen zu kämpfen, Andri
aber sei feige und habe Angst. Andri fordert Peider auf, endlich Barblin, die seine Braut sei, in Ruhe zu lassen und nennt
Peider ein Vieh, bevor er den Schauplatz verlässt.

Stichwörter/wichtige Textstellen:
Das erste Bild erfüllt die **Funktion einer Exposition**: der
Handlungsort und wesentliche Figuren werden eingeführt, die
Konflikte, die sich entwickeln werden, werden angedeutet, so
etwa der Konflikt zwischen den Andorranern und den
„Schwarzen", der Konflikt zwischen Andri und den Andor-
ranern, der Konflikt zwischen Barblin und dem Soldaten
Peider. Das erste Bild vermittelt auch einen ersten Einblick in
private Beziehungen (Barblin – Andri) und Probleme (die
Trunksucht des Lehrers). Die wesentlichen Themen und Mo-
tive des Stücks werden ebenfalls im ersten Bild angesprochen:

die Vorurteilsthematik (Bildnisthematik), das Motiv der Angst und Bedrohung, das Geldmotiv und das Motiv der Liebe und Sexualität.

Auch Formen bildhaften Sprechens spielen bereits eine Rolle: das Bild vom Weißeln, die Wettermetaphorik, des Symbol des Pfahls, die Farbmetaphorik (schwarz, weiß, grau, rot). Etliche Sätze haben, bezogen auf den weiteren Gang der Handlung, voraus deutenden Charakter, so z. B.

Peider: „Nämlich seine Kirche ist nicht so weiß, wie sie tut (...)." (S. 11, Z. 9)

Pater: „Kein Mensch verfolgt euren Andri – noch hat man eurem Andri kein Haar gekrümmt." (S. 12, Z. 10 f.)

Lehrer: „Sie werden sich wundern, wenn ich die Wahrheit sage." (S. 15, Z. 29 f.)

Vordergrund (S. 24)

Der Wirt tritt an die Zeugenschranke. Er gibt zu, sich wie alle anderen Andorraner über die wahre Herkunft Andris getäuscht zu haben; eine individuelle (persönliche) Schuld am Tode Andris streitet er ab.

Stichwörter/wichtige Textstellen:

Wie alle Zeugenaussagen, mit Ausnahme der Einlassung des Paters und des Soldaten Peider, enthält die Aussage des Wirts die einleitende Floskel „Ich gebe zu" und schließt mit einer Ablehnung eigener Schuld ab („Ich bin nicht schuld."). Aus der Zeugenaussage des Wirtes ergibt sich, dass zwischen der Aussage und der im Stück gezeigten (fiktiven) Handlung etliche Zeit vergangen sein muss („... was ich nach Jahr und Tag dazu sagen kann"). Zugleich aber deutet die Aussage des Wirts voraus, insofern wir erfahren, dass Andri getötet wird und dass er der Sohn des Lehrers ist und nicht ein vom Lehrer

2.2 Inhaltsangabe

gerettetes Judenkind. Ob Andri tatsächlich oder nur im symbolischen Sinne „an den Pfahl gebracht" worden ist, bleibt offen. Die Zeugenaussagen, die die laufende Spielhandlung unterbrechen, sind ein anti-illusionistisches Element der Dramaturgie, wie wir es auch aus dem Theater Brechts kennen. Durch die Aussage des Wirts über den Tod Andris wird das Interesse vom Ausgang der Handlung (was passiert?) auf den Gang der Handlung (wie und warum passiert es so?) gelenkt.

Zweites Bild (S. 25–28)

Andri und Barblin sitzen vor Barblins Kammer. Andri spricht zu Barblin über die Vorurteile, denen er sich als Jude ausgesetzt sieht: er habe kein Gefühl, er sei geil, er sei weniger lustig als die anderen. Barblin rät ihm, sich nicht immer wieder damit auseinander zu setzen, und fordert ihn auf, sie zu küssen, worauf Andri mit einem Lachen reagiert. Andri sagt, er müsse Barblins Vater dankbar sein, weil dieser ihn gerettet habe, dass es aber anstrengend sei, immer dankbar sein zu müssen. Barblin küsst ihn, und Andri fragt sich, ob er nicht den Mut aufbringen solle, dem Lehrer endlich zu sagen, dass er und Barblin verlobt seien. Barblin fordert ihn auf, stolz auf ihre Liebe zu sein und nur an sie und nicht immer an die anderen zu denken. Andri küsst Barblin und stellt dann erneut die Frage, was an ihm anders sei als an den anderen. Die Turmuhr schlägt drei; Andri verspricht Barblin, sie um sieben zu wecken. Er fragt sie noch, ob sie Peider kenne, und erfährt, dass sie ihn kennt.

Stichwörter/wichtige Textstellen:

Im Vordergrund steht die Identitätsproblematik; Andri fragt sich, wer er ist und warum er angeblich anders ist als die anderen. Die Anzeichen einer Identitätskrise bei Andri werden in diesem Bild deutlich, nicht zuletzt auch dadurch, dass er auf Barblins Gefühle und ihr Werben um ihn nicht angemessen reagiert (ihrem Wunsch nach einem Kuss kommt er nur beiläufig nach, ihr eindeutiges Angebot, gemeinsam zu schlafen, weist er ab – was freilich in dieser Szene auch einen Inzest verhindert). Andri sieht sich mit Vorurteilen konfrontiert (gefühllos, geil, humorlos), widerlegt diese Vorurteile aber durch sein Verhalten (er ist nicht geil, zeigt Humor, ist gefühlvoll). Die Ruhe der Zweisamkeit wird durch das Grölen als Bedrohungselement gestört.

Andri: „Ich liebe dein Haar, dein rotes Haar, dein ..." (S. 25, Z. 29 f.)

Im letzten Bild sehen wir Barblin ohne Haare, die ihr gewaltsam geschoren wurden.

Andri: „Ich weiß nicht, wieso ich anders bin als alle." (S. 27, Z. 17)

Mehrfach wirft Andri in dieser Szene die Frage nach seiner Identität auf, immer in der Annahme, er sei tatsächlich ein anderer (ein Jude).

Andri: „Das ist kein Aberglaube. (...) plötzlich bist du so, wie sie sagen. Das ist das Böse (...)." (S. 27, Z. 27 ff.) Andri thematisiert die Übernahme eines zugeschriebenen Rollenbildes; das, was er hier grüblerisch vorträgt, wird er in den folgenden Bildern annehmen, nämlich die ihm von der Gesellschaft der Andorraner zugewiesene Rolle des jüdischen Außenseiters.

Vordergrund (S. 29)
Der Tischler gibt zu, dass die 50 Pfund für die Lehre Wucher gewesen sind, hält aber am Klischee vom Juden, dem das Verkaufen liegt, fest.

2.2 Inhaltsangabe

Drittes Bild (S. 30–35)

Das dritte Bild ist in der Tischlerei angesiedelt, wo sich Andri darüber freut, dass der Geselle Fedri ihn dazu auffordert, in die Fußballmannschaft zu kommen, deren Kapitän Fedri ist. Fedri, der sich als Freund Andris bezeichnet, raucht eine Zigarette und versucht dann, einem Stuhl, den Andri als Lehrprobe gebaut hat, ein Bein auszureißen, was ihm aber nicht gelingt, da Andri das Bein nicht nur angeleimt, sondern auch verzapft hat. Als der Tischler erscheint und fragt, wer geraucht habe, verschwindet Fedri, aber Andri verrät ihn nicht. Andri reicht dem Tischler seinen Stuhl zur Probe, aber der Tischler nimmt einen anderen. Er sagt, dass Andri das Tischlern nicht im Blut habe und doch lieber in den Verkauf gehen solle. Der Tischler reagiert nicht auf Andris Hinweis, dass er nicht seinen Stuhl in den Händen habe, reißt dem Stuhl die Beine aus und bemängelt Andris angebliche Arbeit. Er setzt sich auf den von Andri gebauten Stuhl und lobt die Arbeit. Als Andri ihn erneut darauf aufmerksam machen will, welchen Stuhl er gebaut hat, ruft der Tischler Fedri, der aber nicht zugesteht, dass er den schlechten Stuhl gebaut hat. Der Tischler sagt danach zu Andri, dass er nicht in die Werkstatt gehöre. Andri macht ihm den Vorwurf, die Wahrheit zu kennen, aber zu lügen und zu wollen, dass er, Andri, nichts tauge. Der Tischler bietet Andri an, in den Verkauf zu gehen, weil er das angeblich im Blut habe. Er klopft Andri im Weggehen auf die Schulter.

! Stichwörter/wichtige Textstellen:
● Der Tischler zeigt einen Teil der Verhaltensweisen und Einstellungen, die die Andorraner dem vermeintlichen Juden Andri zuschreiben: er ist geldgierig und feige. Seine These, ein

2.2 Inhaltsangabe

Jude habe das Tischlern nicht im Blut wie ein Andorraner, wird schon dadurch ad absurdum geführt, dass der Tischlermeister noch nicht einmal die Holzsorten Buche und Eiche unterscheiden kann. Andri wiederum macht deutlich, dass er tatsächlich anders ist als die anderen: ganz im Gegensatz zum feigen Gesellen Fedri, der nicht den Mut hat zuzugeben, dass der schlechte Stuhl von ihm gebaut worden ist, sagt Andri dem Tischler offen und ehrlich seine Meinung ins Gesicht. Andri erweist sich als nicht feige; er ist das Gegenteil von dem, was er der Rollenzuschreibung nach sein soll. So mutig Andri in seiner Rede auch auftritt, so unüberhörbar ist ein bereits vorhandener Unterton der Resignation („Es hat keinen Zweck ... Wieso seid ihr stärker als die Wahrheit."). Andri erfasst hier das, was – mit soziologischen Begriffen gesprochen – als kognitive Irrelevanz von Vorurteilen zu bezeichnen ist, also die weitgehende Resistenz von Vorurteilen gegenüber einer rationalen (kognitiven) Beweisführung oder Argumentation. Damit ist er allerdings auch der Gefahr ausgesetzt, die ihm zugeschriebene Rolle im Sinne einer „self-fulfilling-prophecy", einer für ihre Erfüllung sorgende Voraussage/Zuschreibung, anzunehmen und auszufüllen.

Andri: „Sie wollen nicht, daß ich tauge. Warum schmähen Sie mich? Sie sitzen auf meinem Stuhl. Alle schmähen mich und frohlocken und hören nicht auf. Wieso seid ihr stärker als die Wahrheit? Sie wissen genau, was wahr ist. Sie sitzen drauf." (S. 34, Z. 8 ff.)

Vordergrund (S. 36)
Der Geselle gibt zu, dass es sein Stuhl war und nicht Andris, den der Tischler geprüft hat. Er behauptet, das Gespräch mit Andri gesucht zu haben, der sich aber abweisend gezeigt habe und sich zu gut gewesen sei, um zum Fußball zu kommen.

2. Textanalyse und -interpretation

2.2 Inhaltsangabe

Auch der Geselle weist jede Mitschuld am Tod Andris von sich.

Viertes Bild (S. 37–46)
Andri wird im Haus des Lehrers durch den Arzt untersucht, der sich Andri gegenüber freundlich gibt und ihm gegenüber erwähnt, dass der Lehrer früher ein Rebell gewesen sei. Der Arzt erzählt, er sei aus Heimatliebe nach Andorra zurück gekommen, lege auf seinen Professoren- und Doktortitel keinen Wert und habe überall in der Welt von den Vorzügen Andorras gesprochen. Jeder Jude aber solle im Boden versinken, wenn er den Namen Andorra höre. Von Andri nach seinem Urteil über Juden gefragt, führt der Arzt aus, Juden seien ehrgeizig, säßen überall auf der Welt auf den Lehrstühlen, so dass er in die Heimat habe zurückkehren müssen. Dennoch habe er Juden gerettet, obwohl er sie nicht riechen könne. Andri nimmt die Pillen, die der Arzt ihm geben will, nicht an und geht aus dem Zimmer; als der Arzt die Mutter nach dem Grund für dieses Verhalten fragt, sagt sie ihm, Andri sei Jude und er sei ihr Pflegesohn. Als der Lehrer nach Hause kommt, will der Arzt aufbrechen, führt jedoch noch aus, dass er nur einen Spaß habe machen wollen, aber bekanntlich könnten Juden keinen Spaß verstehen. Daraufhin nimmt der Lehrer den Hut des Arztes von dessen Kopf und wirft den Hut auf die Straße. Die Mutter macht ihm wegen seines Verhaltens gegenüber dem Arzt, der der neue Amtsarzt ist, Vorwürfe. Andri und Barblin treten ein. Der Lehrer fordert Andri auf, nichts um das Geschwätz der Leute zu geben und bezichtigt den Arzt, sich seinen Titel erschlichen zu haben. Er verlangt von Andri auch, nicht ständig das Wort Jude im Mund zu führen. Als die Familie mit dem Essen beginnen will, trägt Andri dem Lehrer eine Bitte vor: er bittet den Lehrer um seine Einwilli-

2.2 Inhaltsangabe

gung zur Hochzeit mit Barblin. Trotz der eindringlich vor-
getragenen Bitte, die die Unterstützung der Mutter findet, die
den Lehrer wegen seiner Haltung angreift, lehnt der Lehrer
ab. Barblin läuft aus dem Haus, droht vorher damit, sich um-
zubringen oder zu den Soldaten zu gehen (was wohl meint,
sich bei ihnen zu prostituieren), und Andri macht dem Lehrer
den Vorwurf, er gäbe die Zustimmung zur Heirat nicht, weil
er, Andri, Jude sei, worauf hin der Lehrer in einer sich emotional steigernden Rede sagt, dass er das Wort Jude nicht mehr
hören könne. Er bleibt bei seiner ablehnenden Haltung, nennt
Andri aber keine Gründe dafür. Der Lehrer und Andri verlassen den Raum.

Stichwörter/wichtige Textstellen:
Die Szene ist zweigeteilt. Der erste Teil dient dazu, die antisemitischen Vorurteile, von denen der Arzt besessen ist, zu
präsentieren und seine Beschränktheit aufzuzeigen. Die Tatsache, dass er keinen Lehrstuhl erhalten hat, führt er nicht auf
den Mangel an eigenen Fähigkeiten zurück, sondern er lastet
dies pauschal „den Juden" an. Als Andri wegen seiner antisemitischen Suada aufsteht und der Arzt erfährt, dass Andri
Jude ist, sagt er, alles sei ein Spaß gewesen, wobei er das
nächste Vorurteil präsentiert, wenn er behauptet, Juden ver-
stünden keinen Spaß. Die schroffe Reaktion des Lehrers
(symbolischer Hinauswurf des Arztes, indem er dessen Hut
auf die Straße wirft) und seine sich anschließenden Ausführungen gegenüber Andri, in denen er von der Gleichbehand-
lung Andris und Barblins spricht, sind funktional, weil die
darauf folgende Ablehnung der Bitte Andris, Barblin heiraten
zu dürfen, für diesen um so stärker als aus antisemitischen
Vorurteilen gespeist erscheinen muss. Da der Lehrer die wirklichen Zusammenhänge verheimlicht (Andri ist sein leiblicher

2.2 Inhaltsangabe

Sohn, Barblin und Andri sind somit Halbgeschwister) und deshalb die Verhinderung eines Inzestes nicht als Grund angeben
kann, drängt sich Andri nun schon fast automatisch die Erklä-
rung auf, der Lehrer verweigere seine Zustimmung, weil er –
entgegen seinen Reden – doch antisemitisch eingestellt ist.
Andri muss den Lehrer nun als Heuchler sehen. Dass diese
Szene in einem Innenraum, im Haus des Lehrers, spielt, ist
nicht unwichtig; wurden die Konflikte bisher im öffentlichen
Raum (Platz von Andorra) bzw. nicht-privater Atmosphäre
(Tischlerei, Kneipe) gezeigt, so werden sie bzw. ihre Auswirkungen nun im Binnenverhältnis der Familienmitglieder
Andris deutlich. Auf Grund der ausbrechenden Konflikte
kommt es zu einer veränderten Figurenkonstellation, denn im
Bewusstsein Andris steht der Lehrer ihm nun feindlich gegenüber, Barblin entfernt sich von ihrem Vater, Mutter und Lehrer stehen sich im Konflikt gegenüber. Die Familie scheint
paralysiert zu werden, was die Mutter in den Satz fasst: „Jetzt
sind alle auseinander." (S. 46, Z. 10)
Andri: „Sie ist wahnsinnig." (S. 45, Z. 1)
Andri reagiert mit diesem Satz darauf, dass Barblin voller Verzweiflung über das „Nein" des Vaters davonläuft. Der Satz
weist auf das 12. Bild und das Schicksal Barblins voraus.
Barblin: „Oder ich geh zu den Soldaten, jawohl!" (S. 44, Z. 27)
Barblin äußert diesen Satz im Kontext der vorher von Andri
gegebenen mehrfachen Hinweise, dass es noch nicht zu einem
weiter gehenden sexuellen Kontakt (Sexualakt) zwischen ihr
und Andri gekommen ist. Andri wird Barblin später vor-
werfen, sich mit dem Soldaten Peider freiwillig eingelassen zu
haben, der in ihre Kammer eingedrungen ist.

Fünftes Bild (S. 47–48)
Der Lehrer kommt zur Erkenntnis, dass die von ihm einst in

2.2 Inhaltsangabe

die Welt gesetzte Lüge, Andri sei ein von ihm gerettetes Judenkind, nun dazu führt, dass man ihm unterstellt, seine Tochter sei ihm zu gut für einen Juden. Der Jemand kommt hinzu und fragt nach Neuigkeiten, worauf der Lehrer nur mit Schweigen antwortet. Der Jemand weiß zu berichten, dass Andorra sich wieder Drohungen „von drüben" ausgesetzt sieht. Der Lehrer geht in die Kneipe, der Jemand zeigt sich froh darüber, dass das Orchestrion nicht mehr spielt, seitdem Andri nicht mehr Küchenjunge ist.

Stichwörter/wichtige Textstellen:
Die kürzeste Szene des Stücks hat mehrere Funktionen: sie klärt endgültig, dass Andri der leibliche Sohn des Lehrers ist und Andri und Barblin Geschwister sind, fügt somit der Exposition weitere Informationen hinzu. Zudem gibt das Bild Einblicke in das Seelenleben des Lehrers; der Kämpfer gegen den Antisemitismus und die Beschränktheit der Andorraner zeigt sich hier als ein feiger Mensch, der schon viele Jahre mit einer Lüge lebt und nicht den Mut hat, die Wahrheit an die Stelle dieser Lüge treten zu lassen. Dieses Scheitern an der Wahrheit ist die Ursache für seine Trunksucht; mit Hilfe des Alkohols flieht er vor der Wirklichkeit und seinem täglichen Versagen. Der Lehrer, der sich gern über die Andorraner erhebt, erweist sich in diesem Punkt (Feigheit) als nicht besser als die anderen Andorraner. Die dritte Funktion des Bildes besteht darin, über die Äußerungen des Jemand wieder die Bedrohung von „Außen" ins Spiel zu bringen, die in den Bildern 2–4 keine Rolle gespielt hat. Die Szene trägt zur Konfliktentfaltung und Spannungssteigerung bei.
Lehrer: Einmal werd ich die Wahrheit sagen – das meint man, aber die Lüge ist ein Egel, sie hat die Wahrheit ausgesaugt.
(S. 47, Z. 8–10)

2.2 Inhaltsangabe

Sechstes Bild (S. 49–54)

Es ist Nacht. Andri schläft vor Barblins Kammer; der Soldat Peider taucht auf; nach einigem Zögern steigt er über Andri hinweg, öffnet die Tür. Barblin erscheint, will schreien, aber Peider hält ihr den Mund zu.

Andri erwacht vor der jetzt wieder geschlossenen Tür. Durch die Tür spricht er zu Barblin. Er verspricht ihr, Nacht für Nacht vor der Tür zu sitzen, sollte sich ihr Vater darüber auch zu Tode saufen. Andri sagt, dass er begonnen habe, die anderen zu hassen und dass er Andorra gemeinsam mit Barblin verlassen wolle. Er erzählt, dass er jetzt sein Geld spare, es nicht mehr in das Orchestrion werfe und schon einundvierzig Pfund beisammen habe. Er habe Peider gesehen, fährt er fort, der immer grinse, was ihm aber nichts mehr ausmache. Andris Monolog wird durch den Lehrer unterbrochen, der Andri mit „Mein Sohn" anredet, was dieser aber zurückweist. Der Lehrer, betrunken und verzweifelt, will mit Andri reden, wird aber von diesem beschimpft, verhöhnt und abgelehnt. Andri sagt, dass er den Lehrer geachtet habe, weil er glaubte, dieser sei anders als die Andorraner, er habe Mut; jetzt habe sich aber gezeigt, dass der Lehrer sei wie die anderen auch. Die Versuche des Lehrers, die Wahrheit auszusprechen, werden von Andri unterbrochen. Als der Lehrer gesteht, er habe gelogen, weist Andri ihn mit den Hinweis ab, er müsse um sieben im Laden sein, um Geld zu verdienen, weil er ein Jude sei. Andri sagt dem Lehrer, er ekele sich vor ihm und schickt ihn mit der Bemerkung, er solle pissen gehen, fort. Die Frage des Lehrers, ob Andri ihn hasse, beantwortet dieser mit Schweigen. Als der Lehrer gegangen ist, rüttelt Andri an Barblins Tür; da niemand antwortet, versucht er die Tür aufzusprengen. Die Tür wird geöffnet; im Türrahmen steht

2.2 Inhaltsangabe

Peider, dessen Gurt geöffnet und dessen Oberkörper nackt ist.
Er fordert Andri auf zu verschwinden.

Stichwörter/wichtige Textstellen:

Das sechste Bild zeigt eine Verschärfung der Identitätskrise
Andris und treibt seine Isolation voran. Andri beginnt, seine
Rolle als „gesellschaftlicher" Jude zu akzeptieren; er begründet seinen Wunsch, reich zu werden, dem Lehrer gegenüber
polemisch mit einem Hinweis auf sein Judentum. Vom Lehrer
fühlt er sich verraten, weil er dessen Beweggründe für die
Ablehnung der Hochzeit nicht erkennen kann und seine Enttäuschung über den Lehrer so groß ist, dass er nur noch Ver-
achtung für ihn empfindet und nicht mehr zuhören will. Das
Bild vom Egel, der die Wahrheit aussaugt (siehe fünftes Bild),
bewahrheitet sich nun mit schrecklicher Konsequenz. Als der
Lehrer Andri als seinen Sohn bezeichnet (S. 53, Z. 18), kann
Andri die Wahrheit, die damit verbunden ist, in ihrer Trag-
weite überhaupt nicht erkennen. Andri hat den Lehrer Can
längst in die Reihe derer eingeordnet, die gegen ihn sind; der
Lehrer wird zum Opfer seiner eigenen Lebenslüge. Andris
Gefühl, verraten worden zu sein, wird dadurch gesteigert,
dass er annimmt (annehmen muss), Barblin habe sich freiwillig mit Peider eingelassen. Andri sieht sich nun nicht nur
öffentlich, sondern auch privat isoliert.

Regieanweisung im Nebentext: Hähne krähen (S. 52, Z.15 und
18 sowie S. 53, Z. 6): mit dieser Regieanweisung wird das
biblische Verratmotiv ins Stück geholt. In Matthäus 26/34 sagt
Jesus zu Petrus: „Wahrlich, ich sage Dir: In dieser Nacht, ehe
der Hahn kräht, wirst du mich dreimal verleugnen." Can, der
Lehrer, hat seinen Sohn Andri verleugnet; er, der den Andorranern die alten Schulbücher zerrissen hat, um die Wahrheit
zu verbreiten, flüchtet vor der Wahrheit in den Alkohol.

2. Textanalyse und -interpretation

2.2 Inhaltsangabe

Vordergrund (S. 55)

Peider gibt zu, dass er Andri nie leiden mochte. Er habe nicht wissen können, dass Andri kein Jude gewesen sei, fährt er fort, um dann auszusagen, dass er immer noch glaube, Andri sei ein Jude gewesen. Er habe ihn nicht getötet, sondern nur seinen Dienst getan und Befehle ausgeführt.

Siebentes Bild (S. 56–61)

Der Pater will mit Andri ein Gespräch führen, auf Wunsch von Andris Pflegemutter, wie er ausdrücklich betont, und hat Andri in die Sakristei bestellt. Nachdem Andri zunächst schweigt, konfrontiert er den Pater mit der Frage, ob es stimme, dass er anders sei als die anderen, worauf der Pater antwortet, dass er Andri so möge, wie er sei. Als der Pater sich nach der Tischlerlehre erkundigt, sagt ihm Andri, dass er nicht Tischler, sondern Verkäufer werde, dass ihn niemand möge und dass die anderen Andorraner ihm vorwürfen, vorlaut, ehrgeizig, ohne Gemüt und feige zu sein. Der Pater sagt zu Andri, dass er etwas Gehetztes habe, was Andri zu dem Hinweis veranlasst, er müsse ständig darüber nachdenken, ob er wirklich so sei, wie man sage. Er könne sich nicht leiden, wenn er an sich selbst denke, fährt Andri fort. Als er gehen will, sagt der Pater ihm, er habe ihn seit Jahren beobachtet und finde, dass er ein Prachtkerl sei. Er gefalle dem Pater, weil er anders und intelligenter sei. Andri aber entgegnet, er wolle nicht anders sein, er sei nicht feige und nicht gescheiter als die anderen.

Der Pater bringt das Gespräch auf Andris Pflegemutter, die sich große Sorgen mache; Andri äußert den Vorwurf, Can wolle ihm Barblin nicht geben, weil er Jude sei. Darauf reagiert der Pater mit dem Hinweis, dass Andri, wie alle Juden, eine Unart hätte, nämlich die zu meinen, alles Negative widerfahre

2.2 Inhaltsangabe

ihnen, weil sie Juden seien. Andri wendet sich ab und weint. Unter Schluchzen sagt Andri, dass Barblin ihn nicht lieben könne, dass niemand ihn lieben könne, weil er sich selbst nicht liebe. Darauf hin führt der Pater aus, dass es falsch sei, sich nicht selbst anzunehmen und zu versuchen, zu sein wie die anderen; er bewundere Andri wegen seines Verstandes; niemand könne aus seiner Haut, und Andri solle es annehmen, ein Jude zu sein; feige sei er nur dann, wenn er sein wolle wie die anderen; die anderen könnten ihn erst annehmen, wenn er sich selbst annähme.

Stichwörter/wichtige Textstellen:

Im siebenten Bild rücken die Bildnisthematik und die Vorurteilsproblematik ganz in den Vordergrund, werden explizit Gegenstand eines Gesprächs und in diesem Gespräch gleichzeitig vorgeführt. Andri nennt die Vorurteile, denen er sich ausgesetzt sieht; der Pater fügt weitere hinzu, wenn er davon spricht, dass Andri etwas „Gehetztes" habe und „überempfindlich" sei. Wenn er in diesem Zusammenhang vom „Du" zum „Ihr" übergeht („... aber eine Unart, daß muß ich leider schon sagen, habt ihr alle ...", S. 59, Z. 17 f.), sieht er in Andri schon nicht mehr ein individuelles Gegenüber, sondern den Repräsentanten eines (rassischen) Kollektivs, in dem das Individuum sich hinter allgemeinen und verallgemeinerten, diesem Kollektiv zugesprochenen Wesenszügen auflöst. Anstatt Andri anzunehmen, fordert der Pater ihn auf, das Bild, das sich die anderen von Andri gemacht haben, zu akzeptieren. Weil er nicht sieht, dass Andris Verhalten bereits eine Reaktion auf eine gesellschaftliche Rollenzuschreibung ist, besteht für den Pater in der Akzeptanz des vermeintlichen Anderssein durch Andri dessen Selbstannahme.

2.2 Inhaltsangabe

Der Dialog zwischen Andri und dem Pater ist insgesamt durch eine gestörte Kommunikation gekennzeichnet: mehrfaches Schweigen und Abwenden Andris, mehrfache Appelle zum Zuhören des Paters, der durch das Anlegen des Messgewandes zusätzlich seine Rolle signalisiert; die Kommunikation ist asymmetrisch, auf Seiten des Paters durch zahlreiche Floskeln und einen Mangel an Einfühlungsvermögen bestimmt.

Andri: „Alle legen ihre Hände auf meine Schulter. (...) Ich mag nicht immer eure Hände auf meinen Schultern." (S. 58, Z. 1 und Z. 31).

Die im Alltag durchaus freundschaftlich zu verstehende Geste des Hände-auf-die Schultern-Legens drückt für Andri Vereinnahmung, Bedrängnis, aber auch Stigmatisierung aus. Ihm wird sozusagen ein Stempel aufgedrückt.

Vordergrund (S. 62)
Der Pater kniet und betet, das Gebot „Du sollst dir kein Bildnis machen" zitierend. Er bekennt seine Schuld, die er darin sieht, dass auch er sich ein Bildnis von Andri gemacht und ihn dadurch an den Pfahl gebracht habe.

Stichwörter/wichtige Textstellen:
Als einziger Andorraner bekennt der Pater seine Schuld; allerdings sieht er sie lediglich darin, dass auch er sich von Andri ein Bildnis gemacht hat. Die Tatsache, dass er bei der Judenschau nicht anwesend war, wo er hätte Andri beistehen oder helfen können, findet keine Erwähnung. Im Gegensatz zu den anderen Aussagen im Vordergrund fehlt der Hinweis auf die Zeugenschranke (die eine öffentliche Aussage, etwa in einem Gerichtssaal simuliert). Die anderen Zeugen treten zudem in Alltagskleidung auf (der Soldat in Zivil, der Tischlergeselle in

2.2 Inhaltsangabe

Motorradkleidung), der Pater bleibt demgegenüber in seiner Rolle. Dass er kniet, deutet darauf hin, dass es sich um ein Gebet, eine Zwiesprache mit Gott handelt, nicht aber um eine öffentliche Zeugenaussage. Wie er bei der Judenschau gefehlt hat, so erfolgt sein Bekenntnis nun ebenfalls nicht öffentlich.

Achtes Bild (S. 63–71)
Der Doktor, der Wirt, der Tischler, der Geselle, der Soldat Peider und der Jemand reden über die Bedrohung durch die Schwarzen. Der Wirt muss sich verteidigen, weil er einer „Senora", die von „drüben" ist, ein Zimmer vermietet hat. Die Andorraner bestätigen sich gegenseitig ihr patriotische Gesinnung und betonen die Beliebtheit Andorras in aller Welt, wobei sich besonders der Doktor hervortut. Peider betont seine Bereitschaft, alle Angreifer Andorras zu bekämpfen. Der Idiot bringt den Koffer der Senora, die sogleich der Spitzelei bezichtigt wird, was den Wirt veranlasst, erneut sein Verhalten, ihr ein Zimmer vermietet zu haben, zu rechtfertigen. Er betont, dass er kein Verräter sei, in Andorra noch das Gastrecht gelte, er aber der erste wäre, der einen Stein würfe. Als der Geselle gegen den Koffer tritt, wird er vom Doktor dafür gerügt, der der Auffassung ist, dass solche Aggressionen die Rechtfertigung für einen Angriff auf Andorra abgeben könnten. Als die Senora auftaucht und sich an einen freien Tisch setzt, verlassen der Doktor, der Tischler, der Geselle und der Jemand den Platz, während der Soldat Peider die Dame begafft. Andri erscheint und wirft Geld in das Orchestrion. Die Dame gibt dem Idioten einen Zettel, den er dem Lehrer Can bringen soll. Der Geselle kehrt in Begleitung von drei Soldaten zurück. Peider fragt Andri, wie es seiner Braut gehe, worauf hin dieser ihm die Mütze vom Kopf schlägt. Es kommt zu einer Schlägerei zwischen Andri und Peider, wobei die drei Soldaten

2.2 Inhaltsangabe

Andri fest halten, während Peider auf ihn einschlägt. Als sich Andri losreißen kann, gibt ihm der Geselle einen Fußtritt. Peider bringt ihn zu Fall, die Soldaten und der Geselle treten auf ihn ein, bis die Senora erscheint. Die Soldaten lassen von Andri ab und verschwinden. Die Senora kümmert sich um Andri und fordert den Wirt auf, eine Arzt zu holen. Der Wirt macht Andri Vorwürfe, dass er gekommen sei, während die Soldaten anwesend gewesen wären, und lehnt es ab, den Arzt zu holen. Andri sagt, dass er vom Arzt, den er kenne, nicht betreut werden wolle. Die Senora fordert Andri auf, sie zu seinem Vater zu führen. Als sie den Platz verlassen haben, tauchen der Arzt und der Wirt auf. Der Doktor sagt, dass er nichts gegen Juden habe, sich aber nicht wohl fühle in ihrer Anwesenheit, da sie es immer darauf anlegten, dass man ihnen ein Unrecht tue. Er fordert den Wirt auf, über den Vorfall zu schweigen.

Stichwörter/wichtige Textstellen:

In der Szene stehen Repräsentanten des andorranischen Kollektivs Andri als Einzelnem in offener und versteckter Aggression gegenüber. Die dramaturgische Funktion des Bildes besteht darin, das Selbstbild der Andorraner (vorgetragen vom Doktor, vom Wirt und teilweise von Peider) mit ihrem tatsächlichen Verhalten zu kontrastieren und dadurch als falsch zu markieren. Die Selbstbeschreibung (mutig, beliebt, Andorra als Hort des Friedens, der Gastfreundschaft und der Unschuld), dominiert durch die Phraseologie des Doktors, wird schrittweise ad absurdum geführt: die angebliche Weltläufigkeit des Doktors steht seinen antisemitischen Vorurteilen gegenüber, die Gastfreundschaft des Wirtes ist nur ökonomisch motiviert, der Mut Peiders wird dadurch entlarvt, dass er auf Andri einschlägt, der von anderen fest gehalten wird,

2.2 Inhaltsangabe

und ihn mit Füßen tritt, als er schon am Boden liegt. Die Andorraner erweisen sich als von Vorurteilen und Xenophobie zerfressen, was sich u. a. darin äußert, dass ihrer Meinung nach die Senora nur gekommen sein könne, um Spitzeldienste zu leisten. Der Aggressionsentladung gegenüber Andri geht die symbolische Aggressionshandlung gegen die Senora voraus (der Geselle tritt gegen ihren Koffer), der wiederum die wirkliche Aggressionshandlung gegen sie folgen wird (Steinwurf angedeutet durch den Satz des Wirts: „Ich wäre der erste, der einen Stein wirft." S. 65, Z. 29 f.).

Andri wird sich seiner Isolation bewusst („Jetzt sind alle gegen mich.", S. 70, Z. 35). Er begreift sich jetzt als Einzelner, der den anderen gegenübersteht. Er bestimmt seine Identität bereits über das ihm zugeschriebene Judentum, was daran zu erkennen ist, dass er den Doktor, um dessen Antisemitismus er bereits weiß, als behandelnden Arzt ablehnt.

Mit dem Auftreten der Senora wird die Dynamik des Geschehens in doppelter Weise vorangetrieben, da über sie die private (Vor-)Geschichte Andris mit der Bedrohung von Außen, also der gesellschaftlich-politischen Ebene verknüpft wird, weil ihre Ermordung den Vorwand für die Eroberung Andorras abgibt.

Doktor: „Waschen Sie das bißchen Blut weg." (S. 71, Z. 33). Das Motiv des Reinwaschens leuchtet in dieser Formulierung auf; zugleich eine Andeutung (Vorausdeutung): im 12. Bild wird das Motiv aufgegriffen, wenn Barblin davon spricht, dass sie den Platz von Andorra, alle Häuser und alle Bürger weißeln muss, um das Blut Andris wegzuwaschen.

Wirt: „Ich wäre der erste, der einen Stein wirft." (S. 65, Z. 29 f.). Teil der Steinsymbolik, die mehrfach im Drama auftaucht und auf religiöse Kontexte anspielt (Johannes 8/7 „Wer unter euch ohne Sünde ist, der werfe den ersten Stein" und

2.2 Inhaltsangabe

Jesaja 8/14 „Er wird ein Fallstrick sein und ein Stein des Anstoßes …"). Die Senora wird durch einen Steinwurf (des Wirts) getötet, Andri benutzt das Bild von einem Stein, der ihn tötet (Neuntes Bild), der Tischler stolpert über einen Stein (12. Bild), Barblin weißelt das Pflaster (die Pflastersteine).

Vordergrund (S. 72 f.)
Es kommt zu einem Gespräch zwischen der Senora und dem Lehrer. Es stellt sich heraus, dass Andri beider gemeinsames (uneheliches) Kind ist. Die Senora will vom Lehrer wissen, warum dieser die Lüge vom geretteten Judenkind in die Welt gesetzt habe, zumal er ihr den Vorwurf der Feigheit gemacht habe, weil sie sich nicht zu ihrem Kind bekannt habe. Der Lehrer verspricht, den Andorranern nun die Wahrheit zu sagen, bezweifelt aber, ob die Andorraner diese Wahrheit hören wollen.

Stichwörter/wichtige Textstellen:
Einerseits wird mit dieser Szene die Exposition abgeschlossen; wir erfahren die Gründe für das Verhalten des Lehrers und der Senora: beide haben aus Angst vor der Reaktion ihrer jeweiligen Landsleute gehandelt; beide haben sich nicht getraut, dazu zu stehen, ein gemeinsames Kind mit einem Angehörigen des jeweils anderen Volkes zu haben. Zudem wird deutlich, dass der Lehrer auf frühere Versuche der Kontaktaufnahme durch Andris Mutter nicht reagiert hat. Die Szene dient aber auch der Spannungssteigerung, wenn der Lehrer die Frage aufwirft, ob die Andorraner überhaupt die Wahrheit hören wollen.

2.2 Inhaltsangabe

Neuntes Bild (S. 74–82)

Das Bild beginnt mit einem Gespräch zwischen Andri und der Senora, seiner Mutter, die Andorra aber wieder verlassen will. Sie erzählt Andri von ihrer Jugendzeit, ihren Träumen und Hoffnungen, sagt ihm, dass sie sich wiedersehen werden und küsst Andri zum Abschied, ohne ihm allerdings zu sagen, dass sie seine Mutter ist. Der Lehrer und seine Frau (Andris Stiefmutter) treten ein. Der Lehrer fordert Andri auf, die Senora zu begleiten, aber nicht über den Platz zu gehen. Der Lehrer teilt seiner Frau mit, dass der Pfarrer Andri über seine wahre Herkunft aufklären soll, da Andri ihm nicht mehr glaube. Die Mutter macht ihm Vorwürfe, dass er nicht nur die Andorraner, sondern vor allem Andri verraten habe. Als der Pater eintritt, sagt sie ihm, er habe Andri zuvor erklärt, dass er eine Jude sei und das annehmen solle, nun soll er ihm erklären, dass er ein Andorraner sei und auch dies annehmen solle. Andri kehrt zurück und erklärt, die Senora wolle lieber allein gehen, habe ihm aber zum Abschied einen Ring geschenkt. Der Lehrer verlässt den Raum, um die Senora zu begleiten. Andri fragt, wer denn überhaupt diese Frau sei und sagt, dass alle so nervös wirkten. Er äußert zudem den Verdacht, die Frau könne einmal des Lehrers Geliebte gewesen sein. Mehrfach wird er vom Pater aufgefordert, sich zu setzen und zuzuhören. Schließlich teilt der Pater Andri mit, dass er ihn beim letzten Gespräch in der Annahme, er sei ein gerettetes Judenkind, dazu aufgefordert habe, sein Judentum anzunehmen. Nun aber habe sich herausgestellt, dass er des Lehrers Sohn sei, dass die Senora seine Mutter sei und der Lehrer die Geschichte vom geretteten Judenkind nur erfunden habe. Andri, so fährt der Pater fort, sei Andorraner. Andri aber entgegnet ihm, man habe ihn ein Leben lang darauf aufmerksam gemacht, dass er anders sei. Er habe begonnen, darauf zu ach-

2.2 Inhaltsangabe

ten, ob das stimme und habe entdeckt, dass er tatsächlich anders sei. Er habe also sein Judentum angenommen und nun sei es an den Andorranern, ihn als ihren Juden anzunehmen. In einer Art Vision blickt Andri in die Zukunft, sieht sein Schicksal voraus, prophezeit die Verdammung aller, sagt, dass der Pater ihn verraten werde, wenn man kommen werde, um ihn zu holen. Die Szene endet damit, dass der Lehrer erscheint und berichtet, dass die Senora von einem Stein getötet worden sei, den angeblich Andri geworfen haben soll.

Stichwörter/wichtige Textstellen:

Das Bild gibt uns letzte Informationen über die Vorgeschichte, denn wir erfahren etwas über die Begegnung zwischen dem Lehrer und der Senora vor gut zwanzig Jahren, bekommen einen Einblick in ihre Träume und Hoffnungen. Entscheidender ist allerdings die Bedeutung des Bildes für die Darstellung der Entwicklung Andris. Er hat, ganz den Ratschlägen des Paters aus dem ersten Gespräch entsprechend, sein „Judentum" (seine Rolle) nun akzeptiert. Hatte der Lehrer im Gespräch mit der Senora (s. o.) die Befürchtung geäußert, die Andorraner könnten die Wahrheit nicht hören wollen, so ist es hier Andri, der sich gegenüber der Wahrheit als resistent erweist. Er hat die ihm zugesprochene Rolle angenommen und erwartet nun, dass die Andorrraner ihn in dieser Rolle annehmen (siehe S. 80, Z. 122).

Im zweiten Teil seines Monologs überhöht Andri seine Rolle vom andorranischen Juden zum „geschichtlichen" Juden überhaupt, so wie er in der Figur des Ahasver, des „ewigen Juden", zur Gestalt geronnen ist. Der Andri des 9. Bildes ist ein anderer als der der vorherigen Bilder. In direkter Umkehrung des siebten Bildes tritt Andri nun dominant gegenüber dem Pater auf („Jetzt, Hochwürden, spreche ich.", S. 80, Z. 24), nun ist er

2.2 Inhaltsangabe

es, der die größeren Redeanteile hat und den Dialog auch qualitativ dominiert (die Einwürfe des Pater haben die Funktion von Stichworten, ein echter Dialog findet im gesamten Bild zwischen den beiden nicht statt), die Häufigkeit des Personalpronomens „ich" zeigt sein gewachsenes Selbstbewusstsein (er ist sich seiner nun selbst bewusst). Der mit biblisch-religiös-apokalyptischem Vokabular durchsetzte zweite Teil des Monologs (ab S. 80, Z. 229) ist von düster-visionären Ahnungen bestimmt, von einem pathetischen Grundton getragen und zeigt einen Andri, der sich gleichermaßen zum Prediger wie zum Märtyrer stilisiert.

Dass der Lehrer am Ende des Bildes mit der Nachricht kommt, die Senora sei durch einen Stein getötet worden, den nach Aussage des Wirtes Andri geworfen haben soll, fügt dem Gang der Handlung ein Spannungsmoment hinzu und verzahnt Andris privates Schicksal mit der wachsenden Bedrohung Andorras.

Andri: „Alle benehmen sich heut wie Marionetten, wenn die Fäden durcheinander sind, auch Sie, Hochwürden." (S. 77, Z. 23 f.). Andri erfasst einerseits die Künstlichkeit der Situation, denn der Pater wird erneut in ein Gespräch gedrängt, dass er eigentlich überhaupt nicht führen will. Zudem deutet das Bild von den Marionetten darauf hin, dass die Menschen nicht selbstbestimmt handeln. Letztlich haben sie kein Bewusstsein von sich selbst, sondern sitzen Bildnissen (über sich und andere) auf.

Andri: „Ich möchte nicht Vater noch Mutter haben, damit ihr Tod nicht über ich komme mit Schmerz und Verzweiflung und mein Tod nicht über sie. Und keine Schwester und keine Braut: Bald wird alles zerrissen, da hilft kein Schwur und nicht unsere Treue." (S. 80 Z. 39 ff.) Andri nimmt hier sein Schicksal und das seiner Eltern sowie Barblins vorweg.

2. Textanalyse und -interpretation

49

2.2 Inhaltsangabe

Vordergrund (S. 83)

Der Jemand behauptet, es sei nicht erwiesen, wer den Stein geworfen habe. An Andri erinnere er sich, weil er immer das Orchestrion habe spielen lassen. Andri habe ihm Leid getan, doch was genau passiert sei, wisse er nicht. Der Jemand sagt, man müsse auch vergessen können.

Stichwörter/wichtige Textstellen:

Im Jemand sind zwei häufig zu hörende Argumentationsfiguren im Zusammenhang mit der NS-Diktatur und dem Holocaust personalisiert. Die erste Argumentationsfigur besteht in der Aussage des Jemand, nicht dabei gewesen zu sein und nicht genau zu wissen, was passiert sei. Die zweite besteht in der Empfehlung, dass man auch vergessen können muss. Der Jemand verkörpert die Haltung eines Durchschnittsmenschen, der möglichst keine Stellung beziehen will und bewusstes (politisches) Eingreifen gegen Unrecht durch unverbindliche Mitleidsbezeugungen ersetzt.

Zehntes Bild (S. 84–89)

Andri sitzt allein mitten auf dem Platz von Andorra. Ein Stimme hinter einer Mauer flüstert ihm etwas zu, Andri reagiert, indem er sagt, er habe den Stein nicht geworfen und sehe keinen Grund, sich zu verstecken. Man kann das Gedröhne eines Lautsprechers hören. Der Lehrer erscheint, ein Gewehr im Arm, und sagt Andri, er solle vom Platz verschwinden, da die Schwarzen gekommen seien. Wieder ertönt der Lautsprecher, dessen Ansagen nun teilweise verständlich werden. Unbewaffnete Andorraner gehen über den Platz als Zeichen der Kapitulation Andorras. Der Lehrer nennt Andri seinen Sohn, wogegen dieser sich wehrt. Der Lehrer weist darauf hin, dass er allen gesagt habe, dass Andri sein Sohn sei und Andri ihm das glauben müsse. Als aus einigen Fenster schwarze Fahnen gehisst werden, sagt Andri, dass die Andorraner nun noch einen Sündenbock bräuchten. Der Lehrer versucht, Andri die Beweggründe für sein Handeln zu erklären. Er habe aus Feigheit geleugnet, ein gemeinsames Kind mit einer Schwarzen zu haben; ein Judenkind gerettet zu haben, sei rühmlich gewesen, weil es den Andorraner geschmeichelt hätte, nicht wie die Schwarzen zu sein.

Der Lehrer fordert Andri auf, ihm zu glauben, dass er sein Sohn sei, doch Andri sagt, er sei verloren, er werde sterben wie Hunderttausende zuvor, was der Lehrer nicht verstehen könne, da er kein Jude sei. Andorraner erscheinen, unter ihnen der Soldat Peider. In einem kurzen Kampf entwaffnet er den Lehrer, der die Andorraner wüst beschimpft. Andri ist verschwunden.

Stichwörter/wichtige Textstellen:

Der Lehrer bekennt gegenüber Andri die Motive für seine Handlungsweise (Feigheit, Ansehen bei den Andorranern) und will sich gegen die Schwarzen stellen, wogegen die Andorraner, allen voran der Soldat Peider, längst kapituliert haben. Andri knüpft insofern an das Gespräch mit dem Pater an, als er seine kommenden Leiden als einen Teil der Leidensgeschichte des jüdischen Volkes sieht, mit dem er sich identifiziert.

Über die Marschmusik, die Befehle aus dem Lautsprecher, die schwarzen Fahnen sowie weitere Geräusche (das Flüstern, das Geräusch der Fensterläden) wird eine akustische und optische Kulisse der Bedrohung aufgebaut.

Andri: „Jetzt brauchen sie nur noch einen Sündenbock." (S. 87, Z. 9) Der Begriff stammt ursprünglich aus dem religiösen Bereich und meint in diesem Zusammenhang den symbolischen

2.2 Inhaltsangabe

mit den Sünden des Volkes Israel beladenen und in die Wüste gejagten Ziegenbock (siehe auch 3. Mose 16). Am Tage des Versöhnungsfestes wurde durch Los ein Ziegenbock bestimmt, auf dessen Haupt der Hohepriester seine Hände legte, während er die Sünden und Missetaten des Volkes Israel beichtete. Diese Zeremonie diente der symbolischen Übertragung der Sünden auf das Tier, das anschließend in die Wüste geführt und dort seinem Schicksal überlassen wurde. Andri wird zum gesellschaftlichen Sündenbock gemacht, insofern der ihm (zu Unrecht) angelastete Steinwurf auf die Senora den Vorwand für den Einmarsch der Schwarzen geliefert haben soll. Indem Andri belastet wird, entlasten sich die Andorraner. Im Zusammenhang mit Andris Sündenbockfunktion ist auch die Geste des Hand-Auflegens zu sehen.

Andri: „Ich weiß, wer meine Vorfahren sind." (S. 88, Z. 21 f.) Andri interessiert sich zu diesem Zeitpunkt schon nicht mehr wirklich dafür, ob der Lehrer nun sein leiblicher Vater ist oder nicht. Für ihn ist der Begriff „Vorfahre" nicht biologisch, sondern geschichtlich bestimmt. Er identifiziert sich mit den Juden über die Leidensgeschichte.

Vordergrund (S. 90)
Das Orchestrion spielt; zwei bewaffnete Soldaten der Schwarzen patrouillieren auf der Bühne.

Elftes Bild (S. 91–95)
Vor Barblins Kammer kommt es zu einer Begegnung zwischen Barblin und Andri, der von Barblin wissen will, wie oft sie mit dem Soldaten geschlafen habe. In das Schweigen Barblins stellt Andri erneut seine Frage; Barblin beginnt zu schluchzen und bezeichnet Andri als ungerecht. Dieser aber fordert sie auf, mit dem Weinen aufzuhören und nimmt nicht wahr, dass

2.2 Inhaltsangabe

Barblin um ihn besorgt ist. Sie fordert ihn auf, sich in ihrer Kammer zu verstecken, von deren Existenz niemand wisse, was Andri zum Anlass nimmt anzumerken, dass Peider wisse, wo die Kammer sei. Trommelgeräusche deuten an, dass das Haus umstellt wird. Als die Trommeln verstummen, sagt Andri, dass man nach ihm suche. Er fordert Barblin auf, sich auszuziehen, ihn zu küssen und mit ihm zu schlafen, öffnet Barblin die Bluse; Barblin bittet ihn, sich zu verstecken, da er sonst verloren sei. Die Haustür wird eingeschlagen, Andri lässt von Barblin ab und verschwindet in der Kammer, da er aus Fürsorge für Barblin nicht will, dass man sie und ihn zusammen findet. Peider erscheint und fragt nach dem Juden. Als Barblin sagt, es gäbe keinen Juden, wird sie zur Seite gestoßen und Peider geht zur Kammertür. Andri erscheint. Er wird gefesselt und abgeführt; Peider sagt, alle müssten vor die Judenschau, wo sich erweisen werde, ob Andri ein Jude oder Barblins Bruder sei.

Stichwörter/wichtige Textstellen:

Wie bereits im 2. Bild sehen wir Andri und Barblin vor deren Kammer – nun aber mit umgekehrten Vorzeichen. Hatte Barblin im 2. Bild Andris körperliche Nähe gesucht und Andri diese Nähe aber verweigert, so ist es nun Andri, der – recht gefühllos und unsensibel für Barblins Situation – auf sexuellen Kontakt dringt. In barschem Befehlston (Küß mich! Zieh dich aus!) erfolgt Andris verbale Attacke auf seine Schwester; dass er ihr, die schluchzt und schreit, zudem die Bluse öffnet, lässt für einen Moment die Geilheit aufleuchten, die ihn dem Bilde der anderen nach auszeichnen soll. Dieser Moment der Geilheit wird aber überlagert von der Fürsorge für die Schwester, als die Schläge gegen die Haustüre ertönen. Er will Barblin fortschicken, damit sie nicht in seiner Begleitung gefunden

2.2 Inhaltsangabe

wird; ihren Schutz stellt er über seine eigene Person. Er zeigt sich durch diese Handlungsweise als der, der er wirklich ist: ein gefühlvoller, sensibler, mutiger und fürsorglicher junger Mann. Und auch Barblins Sorge gilt nicht ihr selbst, sondern dem Bruder.

Die Kammer erweist sich als Schicksalsort für Barblin und Andri; die Kammer ist der Ort ihrer Träume und Hoffnungen und zugleich der Ort, an dem diese Träume und Hoffnungen zerstört werden (Barblins Vergewaltigung durch den Soldaten Peider, Andris Gefangennahme durch Peider).

Wie schon im 10. Bild wird über akustische Signale (Trommeln, das Klirren von Fensterscheiben, das Läuten der Hausklingel, die Schläge gegen die Tür) eine Kulisse ständiger Bedrohung aufgebaut, das dem Gespräch der Geschwister zusätzliche Spannungsmomente verleiht, da der Konflikt zwischen beiden vor dem Hintergrund der begonnenen Menschenjagd durch die Besatzer stattfindet.

Andri: „(...) Langweilt es dein Haar, wenn ich es küsse? (...) Denk an dein Haar." (S. 94, Z. 1f. und Z 30 f.) Einerseits wird hier das Streichen über die Haare als Zärtlichkeitsgeste aufgerufen (siehe etwa S. 92, Z. 10), andererseits verweisen die Sätze Andris auf das kommende Schicksal Barblins.

Vordergrund (S. 96 f.)

Die Zeugenaussage des Doktors ist die längste von allen, obwohl sie mit dem Satz eingeleitet wird: „Ich möchte mich kurz fassen (...)." In seinen weitschweifigen Ausführungen, durchsetzt mit Erinnerungslücken und der Behauptung, Andri kaum gekannt zu haben, leugnet auch er jegliche Schuld, ergeht sich in Allgemeinplätzen über die Geschehnisse, bedauert – ganz vage bleibend – den Lauf der Dinge, sieht zu seinem damaligen Verhalten keine Alternative, konstatiert aber zugleich, dass Andris Verhalten etwas Jüdisches gehabt habe. Die Wahrheit ergibt sich aus der Rede nur, wenn man sie wieder herstellt, die Sätze sozusagen gegen den Strich bürstet. Wenn der Doktor sagt: „Was hat unsereiner denn eigentlich getan? Überhaupt nichts." (S. 96, Z. 8 f.), so fällt diese als Entschuldigungsargument gemeinte Aussage auf ihn zurück, denn tatsächlich hat er nichts getan, um Andris Leben zu retten und ihn vor seinen Verfolgern zu schützen.

Zwölftes Bild (S. 98–116)
Auf dem von Soldaten in schwarzer Uniform umstellten Platz von Andorra haben sich die Andorraner versammelt. Der Doktor beschwichtigt die anderen Anwesenden, indem er sagt, nichts werde sich ändern, man solle jetzt nur keinen Widerstand leisten und kein Andorraner habe etwas zu befürchten. Als der Jemand und der Wirt die Sprache auf Andri bringen, von dem der Lehrer sage, er sei kein Jude, sondern Andorraner, behauptet der Doktor, man sehe es Andri an, dass er Jude sei, und der Wirt sagt aus, Andri habe den Stein auf die Senora geworfen. Schwarze Tücher werden verteilt; Barblin erscheint und flüstert mit einzelnen Gruppen, wird aber von den Andorranern abgewiesen. Der Wirt demonstriert, wie Andri den Stein aufgehoben haben soll. Auf ein Trommelsignal hin sollen die Andorraner die schwarzen Tücher über den Kopf ziehen. Zunächst folgt nur der Idiot der Aufforderung, der Wirt will sich weigern. Als der Lehrer und seine Frau, beide unvermummt, hinzutreten und der Lehrer den Wirt beschuldigt, den Stein geworfen zu haben, zieht sich auch der Wirt ein Tuch über und verschwindet in der Menge. Auf einen Pfiff hin beginnen die Andorraner ihre Schuhe auszuziehen. Der Lehrer, immer noch unvermummt, tritt unter die Andorraner, als einziger stehend. Er beschwört, dass Andri

2.2 Inhaltsangabe

sein Sohn sei, bezichtigt die Andorraner der Lüge und sagt ihnen, dass einer unter ihnen ein Meuchelmörder sei, den sie aber in ihren Reihen duldeten. Der Soldat erscheint und gibt den Andorranern Anweisungen für die Judenschau. Der Lehrer fragt nach dem Pater, der nicht anwesend ist, wird aber vom Soldaten zur Ruhe aufgefordert. Der Judenschauer erscheint. Auf zwei Pfiffe hin und unter Trommelschlägen sollen die vermummten Andorraner barfüßig über den Platz schreiten. Als erster geht der Idiot los, wird aber vom Soldaten zurückgewiesen. Barblin tritt vermummt vor den Judenschauer, reißt sich das Tuch vom Kopf und sagt zum Soldaten, er solle dem Judenschauer mitteilen, dass kein Andorraner über den Platz ginge, selbst wenn sie zur Strafe ausgepeitscht und erschossen würden. Daraufhin wird Barblin von zwei Soldaten weggeschleift. Langsam gehen nun die Andorraner, einer nach dem anderen, über den Platz, vom Soldaten dazu aufgefordert, nach dem Gang die Tücher ordentlich zusammenzufalten. Beim Gang über den Platz stolpert der Tischler Prader über einen Stein und wird vom Soldaten zum Weitergehen aufgefordert, der den Andorranern zudem die Anweisung gibt, nach ihrem Gang über den Platz ihre Schuhe mitzunehmen. Der Doktor findet seine Schuhe nicht, beschwert sich darüber, dass jemand die seinigen genommen habe, der Geselle will genau wissen, wie die Tücher zu falten seien. Ein dreifacher Pfiff ertönt; ein Vermummter bleibt stehen; unter dem Tuch ist der Jemand, der aber nach einer Musterung durch den Judenschauer den Platz verlassen darf. Nachdem auch der Wirt den Platz überquert hat, ertönen abermals drei Pfiffe. Der Vermummte unter dem Tuch ist Andri; der Lehrer und die Mutter beteuern erneut, dass Andri kein Jude, sondern des Lehrers Sohn und Andorraner sei und dass er den Stein nicht geworfen habe. Der Judenschauer mustert Andri,

2.2 Inhaltsangabe

kehrt dessen Hosentaschen nach außen, so dass das Geld herausrollt, betastet Andris Haar und verlässt dann den Platz. Der Soldat fordert Andri auf, ihm den Ring auszuhändigen, den er am Finger trägt, was Andri aber verweigert. Er wird von Soldaten umringt, man hört seinen Schrei, dann wird er abgeführt. Die Andorraner nehmen ihre Schuhe, verlassen den Platz, vom Lehrer noch einmal wegen ihres Verhaltens angegriffen. Tischler, Doktor und Wirt verschwinden in der Kneipe; die Szene wird dunkel, das Orchestrion fängt an zu spielen. Als es wieder hell wird, sieht man Barblin, jetzt kahl geschoren, das Pflaster weißelnd. Die Musik hört auf, der Pater erscheint. Barblin, immer wieder die Sätze „Ich weißle, ich weißle" sagend, hat, wie der Pater meint, den Verstand verloren; Barblin bezichtigt die Andorraner, Mörder zu sein, fordert vom Wirt Andris Schuhe, fragt den hinzukommenden Soldaten, wo er Andri hingebracht habe, und fragt den Doktor, ob er Andris Finger gesehen habe. Als die Andorraner beginnen, sich über Barblin zu empören, teilt der Pater ihnen mit, dass sich ihr Vater im Schulzimmer erhängt habe und dass sie ihren Bruder und ihr Haar suche. Die Andorraner ziehen sich in die Pinte zurück. Barblin fragt den Pater, wo er gewesen sei, als man „unsern" Bruder wie Schlachtvieh abgeführt habe. Der Pater sagt, er bete für Andri jeden Tag und ihr Haar werde wieder wachsen. Als er sie wegführen will, kehrt sie zu den Schuhen Andris zurück, die immer noch auf dem Platz stehen. Sie fordert die Andorraner auf, die Schuhe stehen zu lassen und nicht anzurühren, falls Andri wieder komme.

Stichwörter/wichtige Textstellen:

Im letzten Bild werden der private Handlungsstrang (Andri) und der öffentliche Handlungsstrang (Bedrohung Andorras)

2.2 Inhaltsangabe

zusammengeführt; wie im ersten Bild (am gleichen Ort spielend) treten alle Repräsentanten der Andorraner auf (im ersten Bild fehlt lediglich der Doktor). Wir sehen das Kollektiv der Andorraner (Ausnahmen: Barblin, Lehrer, Mutter) noch einmal in seiner ganzen Verlogenheit, Falschheit, Jämmerlichkeit und Feigheit (die sich beim Pater darin offenbart, dass er bei der Judenschau nicht anwesend ist, später aber Barblin versichert, er würde für Andri beten). Das Selbstbild der Andorraner und das Selbstbild jedes einzelnen Andorraners werden mit der Wirklichkeit konfrontiert. Das zwölfte Bild des Dramas lebt von einer starken Symbolik: das Schwarz der Uniformen und der Tücher kontrastiert mit dem Weiß der Häuser, durch das Aufsetzen der Tücher werden die Andorraner entindividualisiert und entpersonalisiert, Andris Schuhe fungieren als Erinnerungszeichen für seine Ermordung, das Einsetzen des Orchestrions, dass die immergleiche Platte spielt, weist darauf hin, dass sich im Bewusstsein der Andorraner nichts verändert hat, das sie in der Gegenwart so handeln wie in der Vergangenheit. Das Bild lebt auch von der Inszenierung brutalster Gewalt und Unterdrückung als banalbürokratischem Ritual (Trommeln, Gehen über den Platz, Pfeifsignale, die Vorschriften zum Falten der Tücher) und von dem unterkühlt und beiläufig vorgenommenen Selektionsprozess (das Brilleputzen des Judenschauers, das Betasten der Haare Andris, das stumme Weggehen des Judenschauers). Angesichts der Ungeheuerlichkeit des Vorgangs muss das Verhalten der Andorraner als grotesk und unwirklich erscheinen: so erkundigt sich der Geselle noch einmal danach, wie die Tücher zusammenzufalten sind, der Arzt bejammert den Verlust seiner Schuhe, der Wirt will den Stein beseitigen, mit dem er die Senora getötet hat. Gemeinsam ist allen aber die Bereitschaft zur Verdrängung des Vorgefallenen, was sich nicht nur

2.2 Inhaltsangabe

in der floskelhaften, einer Verhöhnung Andris gleichkom-
menden Bemerkung des Jemand „Der arme Jud" ausdrückt
(S. 113, Z. 21), sondern auch in dem Aufsuchen der Pinte
gleich nach dem Ende der Judenschau und in den verbalen
Attacken auf Barblin, deren Erinnerung an das Vorgefallene
als Wahnsinn und öffentliches Ärgernis abgetan wird.
Zwar hat Max Frisch einmal ausgeführt, dass bei „(...) der
Uniform der Schwarzen (...) jeder Anklang an die Uniform der
Vergangenheit zu vermeiden" sei (zitiert nach A, S. 117), den-
noch drängen sich im zwölften Bild die Bezüge zur NS-Dikta-
tur nahezu auf: das Schwarz der Uniformen erinnert an die
Uniformen der SS, die Geste des Judenschauers, sich seinen
Zwicker zu putzen, lässt hinter ihm eine Gestalt wie Heinrich
Himmler, den „Reichsführer SS", aufscheinen, die Judenschau
selbst ruft Erinnerungen an die Selektionsprozesse an der
Rampe von Auschwitz und an die bürokratisch-beamtenhafte
Planung und Durchführung des Massenmordes an den Juden
durch Männer wie Eichmann hervor.
Dass Barblin kahl geschoren wird, erinnert einerseits an die
Praxis der Nationalsozialisten, Frauen, die „Rassenschande"
begangen hatten (also gegen die „Nürnberger Gesetze" versto-
ßen hatten, weil sie sexuellen Kontakt mit einem Juden hatten), das Haupthaar zu scheren (der Soldat Peider bezeichnet
Barblin als „Judenhure"), andererseits an die Praxis in den
Konzentrationslagern. Die „ideologische Basis" der Judenschau
ist eine Rassentheorie, wie sie auch Bestandteil der nationalsozialistischen Ideologie war. Sie wird in ihrer Grausamkeit
und Banalität gleichermaßen gezeigt. Ihr grausamer Kern besteht in der Aussonderung und Ausmerzung von Menschen,
die aufgrund diffuser rassischer Merkmale (im zwölften Bild
sind es die Füße und der Gang, an denen die Juden angeblich
zu erkennen sind) als anders (und damit minderwertig) einge-

2.2 Inhaltsangabe

stuft werden; ihre Banalität wird dadurch gezeigt, dass der angeblich unfehlbare Judenschauer zweimal einen Andorraner auswählt, nämlich zunächst den Jemand, der als typisch für alle anderen Andorraner gelten kann, und dann Andri, der vom Vater her Andorraner ist, von der Mutter her aber zu den „Schwarzen" gehört. Der irrationale Vorgang (Andri wird zum Juden abgestempelt) vollzieht allerdings nur das nach, was ihm in der Gesellschaft Andorras ja bereits widerfahren ist: Seine Rolle als Jude wird bestätigt.

Wirt: „Was können wir dafür." (S. 113, Z. 22) Dieser und andere Sätze in der Szene korrespondieren mit den Zeugenaussagen, deren inhaltlicher Kern in der Zurückweisung eigener Verantwortung oder gar Schuld besteht.

Doktor: „Das nenne ich Organisation." (S. 99, Z. 10 f.) Dieser Satz steht für die Bewunderung organisatorischer Effizienz, die losgelöst von ihrem Zweck betrachtet wird, nämlich der Aufrechterhaltung einer diktatorischen Macht und der Durchführung von Unterdrückung, Massenmord und Gewaltherrschaft.

Gelbes Plakat/Schuhe: Gelb steht symbolisch für den Verrat. In Dürrenmatts *Der Besuch der alten Dame* tragen die Güllener – als Zeichen des kollektiven neuen Wohlstandes und als Zeichen des kollektiven Verrats an Idealen, denen Alfred Ill geopfert wird – gelbe Schuhe. Dass die Andorraner ohne Schuhe – mit nackten Füßen – über den Platz gehen müssen, kann auch als Erinnerung daran gelten, dass in den Konzentrationslagern die Gefangenen oftmals nackt zum Appell antreten mussten.

2.3 Aufbau

Das Stück ist in zwölf unterschiedlich lange Bilder eingeteilt, deren umfang-

Szenischer Aufbau

reichstes das letzte Bild ist. Nach den Bildern 1–3, 6–7, 9 und 11 folgt jeweils eine Aussage im Vordergrund. Mit Ausnahme des Paters (7. Bild) treten alle Zeugen bei diesen Aussagen in Zivilkleidung auf und sprechen an der Zeugenschranke. Einzig der Pater trägt seine „Dienstkleidung"; er steht auch nicht an der Schranke, sondern kniet, so dass davon ausgegangen werden kann, dass es sich nicht um eine Aussage im öffentlichen Raum handelt, sondern um ein gebetsartiges Zwiegespräch mit Gott. Dem achten Bild ist das Gespräch zwischen dem Lehrer und der Senora nachgeordnet; nach dem zehnten Bild folgt das stumme Patrouillieren zweier Soldaten der „Schwarzen".

Mit Ausnahme des fünften Bildes tritt Andri in allen Bildern auf, was deut-

Andri als Mittelpunktfigur

lich macht, dass er die Mittelpunktfigur des Stücks ist. In ihm überschneiden sich der private Handlungsstrang (Andris Ringen um Identität, sein Schicksal) und der öffentliche Handlungsstrang (Bedrohung und Besetzung Andorras). Beide Handlungsstränge beginnen im ersten und enden im letzten Bild des Stücks.

Die Bilder 1–6 zeigen Andri auf der Suche nach Identität und konfrontieren ihn dabei mit den Vorurteilen der Andorraner. Seine Hoffnungen werden vollends im sechsten Bild zerstört (Andri interpretiert die Vergewaltigung Barblins durch Peider als Betrug/Verrat Barblins). Das Bild kann als Höhepunkt des Identitätsverlustes und zugleich als Wendepunkt seiner Identitätssuche verstanden werden, denn nach dem (ersten) Ge-

2.3 Aufbau

spräch mit dem Pater beginnt er damit, seine Rolle als Jude anzunehmen. Im neunten Bild (zweites Gespräch mit dem Pater) hat er sich bereits so weitgehend mit seiner Rolle identifiziert, dass ihn die Wahrheit nicht mehr erreicht bzw. ihn nicht mehr interessiert. Seine Identifikation mit dem jüdischen Volk und seiner Leidensgeschichte steigert sich im zehnten Bild (Gespräch mit seinem Vater, dem Lehrer) und findet im zwölften Bild seinen Höhe- und Endpunkt, als Andri auf die Kategorisierung als Jude durch den Judenschauer nur mit einem Lächeln und ansonsten sprachlos und ohne Widerstand reagiert, er sich aber dagegen wehrt, den Ring seiner Mutter abzugeben. Mit der Annahme der ihm zugeschriebenen Rolle und der angeschlossenen Identitätsfindung wird seine Konfrontation mit Vorurteilen ergänzt um die Konfrontation mit körperlicher Gewalt, so dass die Identitätsgewinnung zugleich mit einem Leidensprozess einhergeht: im achten Bild wird er zusammengeschlagen und getreten, im elften Bild wird er gefangen genommen und abgeführt, im zwölften Bild wird er verstümmelt und getötet (die Parallelen zur Leidensgeschichte Christi sind hierbei unverkennbar).

Formaler Aufbau

Beschreibt man den Aufbau von Frischs Stück mit den Kategorien des klassischen Dramas, so erfüllt das erste Bild die Funktion einer Exposition; im sechsten und siebten Bild liegen, bezogen auf die Entwicklung Andris, der Höhe- und Wendepunkt des Dramas, das im 12. Bild mit der Katastrophe abgeschlossen wird.

Themen, Motive, Bilder und Symbole

Die 12 Bilder werden durch die Mittelpunktfigur Andri sowie durch Themen und Motive und Bilder bzw. Symbole miteinander verknüpft, in deren Kontext auch optisch-akusti-

62

2. Textanalyse und -interpretation

2.3 Aufbau

sche Zeichen (Kostüme, Requisiten, akustische Signale) ein Bedeutungsgeflecht entfalten. Als thematischer Kern zieht sich die Bildnis- bzw. Vorurteilsthematik durch das gesamte Drama, die anhand der Identitätssuche Andris in ihrer Wirkungsmächtigkeit entfaltet wird. Zugespitzt wird die Bildnis-/Vorurteilsthematik auf den Antisemitismus als Ausprägung rassistischer Vorurteilsbildung. Verknüpft ist diese Thematik mit dem Motiv der Liebe und des Verrats. So verrät der Lehrer etwa seine Ideale, indem er aus Furcht lügt; der Pater verrät Glaubensgrundsätze, weil er Andri Nächstenliebe, Zuspruch, Hilfe und Trost verweigert; Andri wird zum Verräter an der Liebe zu Barblin, weil er sie in ein Bildnis presst. Etliche Symbole ziehen sich durch das Stück, so etwa die Symbolik des Steins, des Pfahls, der Haare, des Farbkontrastes, des Handauflegens und des Weißelns[23]. Die Aussagen der Andorraner vor der Zeugenschranke heben diese in mehrfacher Hinsicht in ihrer symbolischen und dramaturgischen Bedeutung hervor: die Aussagen im Vordergrund durchbrechen den Gang der Handlung und haben somit einen antiillusionistischen Charakter; zugleich konfrontieren sie die Aussagenden und ihre Aussagen mit ihren Handlungen und offenbaren so Widersprüche, Lügen, opportunistisches Verhalten und (teilweise auch immer noch) vorhandene Vorurteile der Aussagenden; die Zeugenaussagen sind alle vor dem zwölften Bild angesiedelt und haben teilweise vorausdeutende Funktion. Gleichzeitig aber werfen sie einen Blick zurück auf bereits Geschehenes, sie dienen somit der „Konfrontation des heutigen Zeugen mit dem geschichtlichen Tatort" (Max Frisch, zitiert nach A, S. 129) Durch die Zeugenaussagen werden die (gespielte)

> Entgrenzung der Zeit

---

23 Siehe hierzu auch Brechts *Lied vom Anstreicher Hitler* und sein *Lied von der Tünche*.

2.3 Aufbau

Gegenwart und die (gespielte) Vergangenheit miteinander ver-
flochten, wodurch das Stück zeitlich entgrenzt wird. Die in
den zwölf Bildern geschilderte Handlung, die sich – mit klei-
neren und größeren Zeitsprüngen zwischen den Bildern – über
mehrere Tage erstreckt, wird aus der Vergangenheit in die
Gegenwart geholt und in ihrer Bedeutung für die Gegenwart
verdeutlicht. Somit wird nicht die Tötung Andris zum eigent-
lichen Skandal, sondern die Reaktion der Andorraner darauf.[24]

Öffentlicher und privater Raum

Der größere Teil der Handlung spielt
im öffentlichen Raum (Platz von An-
dorra, Pinte); soweit Innenräume eine Rolle spielen (Haus des
Lehrers, Schwelle vor der Kammer Barblins) und hier „Innen-
ansichten" der Figuren gezeigt werden, sind auch diese bestimmt durch Konflikte, die von außen auf die Figuren ein-
wirken. So wird die Intimität der Schwelle vor Barblins
Kammer durch den Einbruch personaler Gewalt (Peider) und
struktureller Gewalt (Soldaten der Schwarzen) zerstört. Von
der räumlichen Struktur her bildet der Platz Andorra den zen-
tralen Geschehensort, über den Frisch einmal geschrieben hat:

Der Platz als zentraler Ort

*„Das Grundbild für das ganze Stück ist
der Platz von Andorra. Gemeint ist ein
südländischer Platz, nicht pittoresk, kahl, weiß mit wenigen
Farben unter finsterblauem Himmel. Die Bühne soll so leer wie
möglich sein. Ein Prospekt im Hintergrund deutet an, wie man
sich Andorra vorzustellen hat; auf der Spielfläche steht nur,
was die Schauspieler brauchen. Alle Szenen, die nicht auf dem
Platz von Andorra spielen, sind davorgestellt. Kein Vorhang
zwischen den Szenen, nur Verlegung des Lichts auf den Vordergrund. Es braucht kein Anti-Illusionismus demonstriert zu werden, aber der Zuschauer soll daran erinnert bleiben, daß ein
Modell gezeigt wird, wie auf dem Theater eigentlich immer."*[25]

---

24 vergl. Bekes, S. 22 f.
25 Frisch, zitiert nach A., S. 117 f.

2.3 Aufbau

Der Platz bildet eine räumliche Klammer um das gesamte Stück, an ihm spielen das erste und das letzte Bild, auf dem Platz fallen private und öffentliche Handlung in eins.

2.3 Aufbau

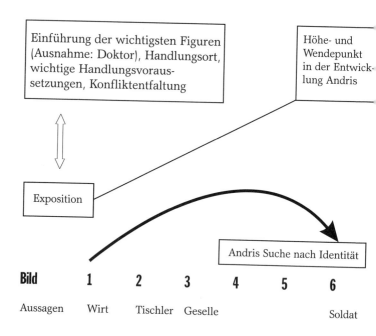

Einführung der wichtigsten Figuren (Ausnahme: Doktor), Handlungsort, wichtige Handlungsvoraussetzungen, Konfliktentfaltung

Höhe- und Wendepunkt in der Entwicklung Andris

Exposition

Andris Suche nach Identität

Bild	1	2	3	4	5	6
Aussagen	Wirt	Tischler	Geselle			Soldat

Themen/Motive: Bildnis- und Vorurteilsthematik, Antisemitismus, Identitätssuche, Motiv der Liebe und des Verrats
Bilder/Symbole: die Farbsymbolik, die Symbolik des Steins, des Pfahls, der Schuhe, der Haare, der Geste

Verknüpfung der Bilder über die Mittelpunktfigur (Andri) sowie

2.3 Aufbau

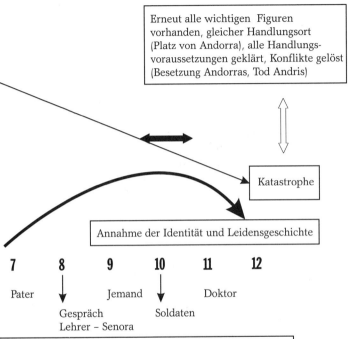

Erneut alle wichtigen Figuren vorhanden, gleicher Handlungsort (Platz von Andorra), alle Handlungsvoraussetzungen geklärt, Konflikte gelöst (Besetzung Andorras, Tod Andris)

Katastrophe

Annahme der Identität und Leidensgeschichte

7	8	9	10	11	12
Pater	↓	Jemand	↓	Doktor	
	Gespräch Lehrer – Senora		Soldaten		

des Handauflegens und die Symbolik der Zeugenschranke; der Zeichencharakter von Kostümen (z. B. Uniformen) und Requisiten (z. B. Tücher) sowie akustischen Signalen (z. B. Glocken, Trommel, Pfiff, Orchestrionmusik)

ein Beziehungsgeflecht von Themen, Motiven und Bildern (Symbolen)

2.4 Personenkonstellation und Charakteristiken

2.4.1 Andri

Andri, die Mittelpunktfigur des Dramas, ist, vom fünften Bild einmal abgesehen, in allen Bildern präsent. Und sogar im fünften Bild, in dem er nicht auf der Szene ist, ist er gegenwärtig, denn er ist Gegenstand der Äußerungen der auftretenden Figuren (Lehrer, Jemand, Wirt). Bereits in den Kurzkommentaren zu den einzelnen Bildern sowie im Abschnitt über den Aufbau des Dramas ist darauf hingewiesen worden, dass das Drama Andris Entwicklung verfolgt, der – im Gegensatz zu den meisten anderen Figuren – dynamisch und nicht statisch angelegt ist.

Andris Entwicklung

Seine Entwicklung ist von Interesse – und seine Entwicklung wird uns gezeigt.

In den ersten Bildern des Dramas begegnet uns Andri als ein eher durchschnittlicher junger Mann mit Alltagsinteressen: wie seine Altersgenossen spielt er gerne Fußball, er hört offensichtlich gerne Musik, er ist interessiert daran, eine gute Ausbildung zu machen, lernt deshalb eifrig, ist einem jungen Mädchen, das er heiraten will, in Liebe zugetan. Alles in allem ist er ein junger Erwachsener mit ganz und gar gewöhnlichen und eher bescheidenen Zielen. Wenn ihn überhaupt etwas von den anderen unterscheidet, dann ist es ein hoch entwickeltes Sensorium dafür, die Äußerungen seiner Mitbürger nicht als bloße Anmache oder spontane Unmutsäußerung abzutun, sondern in ihrer Systematik zu erkennen und zum Gegenstand von Reflexionen zu machen. Bereits im 2. Bild setzt sich Andri mit verschiedenen ihm zugeschriebenen Verhaltensweisen und Charaktereigenschaften auseinander (es heißt, dass er geil und ohne Gemüt sei und keinen Humor

2.4 Personenkonstellation und Charakteristiken

habe). Er erkennt die Kraft des Vorurteils (siehe die Passage ab „Da ist kein Aberglaube ...", S. 27, Z. 27–34), ohne allerdings einschätzen zu können, warum er die Projektions-

Auseinandersetzung mit Vorurteilen

fläche von Stereotypen ist: „Ich weiß nicht, wieso ich anders bin als alle. Sag es mir. Wieso? Ich seh's nicht." (S. 27, Z. 17 f.) Das vorgebliche Anderssein muss nach Andris Vorstellung als äußerliches Merkmal erkennbar sein, weil er sich in Charaktereigenschaften, Wesenszügen und Verhaltensweisen zunächst einmal eben nicht von den Andorranern unterscheidet. Sein Denken und Handeln ist ganz auf die Integration in die Gesellschaft von Andorra ausgerichtet. Nicht er ist es, der sich gegen diesen Integrationsprozess sperrt, sondern die Andorraner sind es, die ihm die Integration verweigern und so Andris Identitätskrise überhaupt erst auslösen. Dass er sich zunehmend von den Andorranern distanziert, etwa nicht mehr zum Fußball geht, was ihm der Geselle Fedri heuchlerisch zum Vorwurf macht, ist nicht die Ursache für die ihm zugeschriebene Außenseiterposition, sondern die Folge dieser Rollenzuschreibung.

Muss Andri also zu Beginn des Dramas als ganz normaler junger Mann erscheinen, so gerät er zusehends in

Identitätskrise und Identitätsfindung

eine Identitätskrise, aus der er paradoxerweise zunächst entkommt, indem er das ihm zugeschriebene Rollenbild annimmt und sich damit identifiziert („Hochwürden haben gesagt, man muß das annehmen, und ich hab 's angenommen. Jetzt ist es an euch, Hochwürden, euren Jud anzunehmen.", S. 80, Z. 20–22). Die Identität, die Andri annimmt, zeugt aber in doppelter Weise von einer Selbstentfremdung Andris: Er ist sich insofern selbst fremd, als er sich Eigenschaften und Verhaltensweisen zuschreibt bzw. Zuschreibungen übernimmt, die ganz

2.4 Personenkonstellation und Charakteristiken

und gar nicht seinem wirklichen Wesen entsprechen, so etwa wenn er zum Pater sagt: „Ich habe kein Gemüt, sondern Angst." (ebenda). Andri dokumentiert in der Auseinandersetzung mit Peider und angesichts der Judenschau sehr wohl, dass er mutig ist. Und „Gemüt", gemeint als Sensibilität und Fähigkeit zur emotionalen Anteilnahme, hat er mehr als jeder andere Andorraner. Zugleich wird er sich selbst aber auch dadurch fremd, dass er sich zu einem Märtyrer des Judentums stilisiert, sich sozusagen als personalisierter „Ewiger Jude" sieht. Manfred Durzak urteilt über diese Seite der Andri-Figur recht kritisch, wenn er schreibt:

> Selbststilisierung zum Märtyrer

> *„Andri, der sich um seine Liebste betrogen fühlt und mit Gott und der Welt zerfallen ist, steigert sich (...) in die monumentale Rolle eines Märtyrers hinein, für den der Schicksalsweg des jüdischen Volkes zur Projektion seiner Verzweiflung wird. Die Unwahrheit der Figur liegt zumindest gegen Ende des Stücks darin, dass Andri seine Verzweiflung nicht als die seiner individuellen Situation erkennt, sondern sich zum stellvertretenden Leidtragenden des jüdischen Volkes stilisiert."*[26]

Dass die Annahme der Rollenidentität mit einer Preisgabe von Authentizität verbunden ist, zeigt das 11. Bild, in dem Andri – fast zwanghaft – das Vorurteil, er sei ohne Gemüt und habe kein Gefühl, bestätigen zu wollen scheint. Hier verhält er sich unsensibel Barblin gegenüber, hat kein Wort des Trostes für sie, sondern zeigt nur Unverständnis für ihre Situation. Und er scheint dem Vorurteil der Geilheit entsprechen zu wollen. Rüde und rüpelhaft in Sprache und Verhalten begegnet Andri Barblin in dieser Szene – und doch wird dieses Auftreten auch als Ausdruck größter Enttäuschung und Verletztheit zu ver-

---

26 Durzak, S. 228

2.4 Personenkonstellation und Charakteristiken

stehen sein, letztlich jedoch überlagert von der Fürsorge für Barblin. Als die Soldaten kommen, schickt er Barblin fort, um ihnen alleine gegenüber zu treten und Barblin dadurch zu schützen – abermals ein Handlung, die Mut verlangt und seine Fürsorglichkeit offenbart.

Andris Charakter ist mehrdimensional angelegt: wir sehen Andri fröhlich und

> Charakter und Sprache

traurig, mutig und verzweifelt, hoffnungsfroh und deprimiert, zurückhaltend und aggressiv, schwach und stark zugleich. Schon allein durch diese facettenreiche Anlage der Figur werden die auf sie projizierten Stereotype und Vorurteile widerlegt. Der Mehrschichtigkeit des Charakters von Andri entspricht seine variationsreiche Sprache: Andri beherrscht die Alltagssprache und den jugendlichen Jargon ebenso, wie er sich in nahezu lyrischen Tönen äußern kann („Ich habe gejauchzt, die Sonne schien grün in den Bäumen, ich habe meinen Namen in die Lüfte geworfen wie eine Mütze ...", S. 80, Z. 35/S. 81 Z. 1–3). Und auch ein biblisch-pathetischer Sprachduktus steht Andri zur Verfügung (siehe neuntes Bild, S. 80/81). Aber in diesen Passagen scheint nicht der zwanzigjährige Andri zu sprechen, sondern der Repräsentant des Judentums. So ist auch zu verstehen, dass Andri von sich sagt: „Ich bin alt." (S. 80, Z. 34). Er sieht seine Individualität aufgehoben in der Geschichte und dem Leid des jüdischen Volkes.[27]

2.4.2 Barblin

Barblin gehören das erste und das letzte Wort im Stück. Beide Auftritte sind verbunden mit dem symbolischen Akt des Weißelns.

> Leidens- und Entwicklungsprozess Barblins

---

27 siehe zur Sprache Andris ausführlich Meurer, S. 47–57

2.4 Personenkonstellation und Charakteristiken

Doch zwischen dem ersten Bild, in dem das junge Mädchen, ganz der Tradition verhaftet und dem Brauchtum folgend, das Haus des Vaters anstreicht, und dem letzten Bild, in dem Barblin das Pflaster weißelt, liegt ein Leidensprozess der Figur, der mit einem Entwicklungsprozess einhergeht. Der Leidensprozess ist bestimmt durch die Vergewaltigung durch Peider, die Demütigung durch Andri, die Schändung durch die Soldaten der Schwarzen und den Verlust von Vater und Halbbruder. Am Ende dieses Prozesses steht der Wahnsinn. Mit diesem Wahnsinn aber ist Erkenntnis verbunden (Frisch greift hier auf antike Verständnismuster von Wahnsinn zurück). Barblin vermag, gleich einem antiken Seher, die Zeichen zu deuten; sie sieht nun nicht mehr nur die Oberfläche (die Tünche), sondern das darunter liegende Muster von Gewalt: „Blut, Blut, Blut überall." (S. 114, Z. 20)

Krise

Barblin ist als junges Mädchen gezeichnet, das für (junge) Männer ganz offensichtlich von gewissem Reiz ist und um diesen Reiz auch weiß. Andri gegenüber setzt sie diese Reize ein, um ihm auch körperlich nahe zu sein. Mit Andri sucht sie Stunden der Zärtlichkeit und Intimität zu erleben. Der Einbruch sexueller Gewalt in ihr Leben löst in ihr eine Krise aus, die dadurch verschärft wird, dass Andri ihr den Vorwurf macht, sich freiwillig Peider hingegeben zu haben; auf die Demütigung durch die Vergewaltigung folgt die Demütigung durch den Geliebten (und Halbbruder), der sich just in dem Moment von ihr emotional abwendet, als sie seine Zuwendung besonders nötig hat. Dass sie dennoch voller Fürsorge für Andri ist, zeigt ihr Versuch, Andri vor den Soldaten zu verstecken.

Gelegentlich ist in der begleitenden Fachliteratur die Frage diskutiert worden, ob Barblin von Peider vergewaltigt worden ist oder ihn (wenn auch vielleicht nur insgeheim) erwartet hat.

2.4 Personenkonstellation und Charakteristiken

Eisenbeis spricht in diesem Zusammenhang von einer „Leerstelle" im Text, Kästler sieht sogar eine „Hingabe (Barblins) an den Soldaten Peider."[28] Barblins Reaktionen (besonders im 11. Bild) lassen sich m. E. unschwer dahingehend deuten, dass Barblin den Kontakt mit Peider nicht gesucht hat, sondern es sich hier um einen rohen Akt sexueller Gewalt handelt. Max Frisch kennzeichnet Peider zudem in den „Anmerkungen" zu *Andorra* eindeutig als „Vergewaltiger" (S. 122, Z. 26 f.)

Barblins hervorstechender Charakterzug ist ihr Mut, der sie befähigt, vorhandene Ängste angesichts drohender Gefahren zu überwinden. Im ersten Bild fragt sie den Pater, ob es stimme, das einer Judenbraut die Haare geschoren würden. Obwohl sie also von dieser Praxis gehört hat, wendet sie sich nicht von Andri ab, sondern will ihn heiraten. Eine Steigerung findet sich im elften und zwölften Bild. Wird im elften Bild ihre Angst vor den Soldaten der Schwarzen deutlich, so überwindet sie diese Angst und setzt ein Zeichen, indem sie dem Judenschauer das Tuch vor die Stiefel wirft und die Andorraner zum Widerstand auffordert (12. Bild). Kahl geschoren sehen wir sie im letzten Bild, aus der „Jungfrau" Barblin (Pater/ 1. Bild) ist die „Judenhure" Barblin (Peider/12. Bild) geworden.

> Barblins Mut

2.4.3 Lehrer

Seit Andris Geburt lebt der Lehrer mit (s)einer Lebenslüge, die ein Resultat seines mangelnden Mutes ist, die Wahrheit zu sagen und seine Beziehung mit der Mutter Andris, einer „Schwarzen", einzugestehen. Diese Lebenslüge hat ihn auch im Alltag „klein" werden lassen; weil er in einer entscheidenden Situation keinen Mut gehabt hat, hat er nahe-

> Die Lebenslüge des Lehrers

---

28 Eisenbeis, S. 35, Kästler, S. 61

2.4 Personenkonstellation und Charakteristiken

zu jeglichen Mut verloren. So ist zu erklären, dass er der wucherischen Forderung des Tischlers nachgibt und, um das Geld für Andris Lehre auftreiben zu können, sein Land weit unter Preis verkauft. Aus der Diskrepanz zwischen diesem Mangel an Mut und der Radikalität der Phrasen, die er von sich gibt und die den Mangel an Mut sprachlich übertünchen, erwächst seine Selbstverachtung, die er im Alkohol ertränkt. Als er Andri endlich die Wahrheit sagen will, ist dieser schon nicht mehr willens, die Wahrheit zur Kenntnis zu nehmen.

Dass der Lehrer als einziger eine Waffe in die Hand nimmt, um gegen die Schwarzen zu kämpfen, zeigt, dass er sich immerhin einen Rest von Charakterstärke und Wahrhaftigkeit bewahrt hat. Bei der Judenschau unternimmt der Lehrer den hilflosen und zum Scheitern verurteilten Versuch, Andris Andorranertum und seine Unschuld am Tod der Senora zu beweisen.

Das Muster des Versagens

Beiden Handlungen haftet etwas Naiv-Komisches und Groteskes an; beide Aktionen folgen dem Muster des Versagens, das Cans Leben bestimmt hat, seit er die Wahrheit verraten hat. Sein späterer Selbstmord ist ein Schuldeingeständnis; zugleich aber ist dieser Selbstmord eine erneute Flucht vor der Wahrheit, die Andris Mutter ausspricht: „Du hast uns alle verraten, aber den Andri vor allem. Fluch nicht auf die Andorraner, du selbst bist einer." (S. 76, Z. 20-22) Während Barblin bei der Judenschau ein für alle sichtbares Zeichen setzt und zum Widerstand auffordert, findet die Handlung des Lehrers in nutzloser Abgeschiedenheit statt, dem öffentlichen Aufbegehren Barblins steht der Rückzug in den „privaten" Selbstmord gegenüber. Die letzten Worte des Lehrers an die Andorraner lauten: „Duckt euch. Geht heim. (...)

Selbstekel

Ekelt euch. Geht heim vor euren Spiegel und ekelt euch." (S. 113, Z. 14-16)

2.4 Personenkonstellation und Charakteristiken

Doch im Grunde sagt er diese Sätze auch zu sich. Der Ekel vor sich selbst lässt ihn zum Strick greifen.

2.4.4 Pater

Der Pater nimmt insofern eine Sonderrolle ein, als er als einziger in seiner Aussage eine Schuldanerkenntnis abgibt; er gesteht zu, schuldig geworden zu sein, weil auch er sich ein Bildnis von Andri gemacht hat. Im Gegensatz zu den anderen Andorranern tritt er nicht in Zivilkleidung an die Zeugenschranke, sondern er hat sein Priestergewand an und kniet. Zudem fehlt ein Hinweis bei seiner Aussage – im Gegensatz zum Nebentext bei den anderen Figuren – der Hinweis auf die Zeugenschranke. Somit kann davon ausgegangen werden, dass es sich bei der Aussage des Priesters um ein Gebet, eine Zwiesprache mit Gott handelt, nicht aber, wie bei den anderen Andorranern, um eine im öffentlichen Raum vorgetragene Aussage. Dass der Pater überhaupt eine Schuld seinerseits sieht, hebt ihn sicherlich positiv von den anderen Figuren ab. Sein Schuldanerkenntnis ist jedoch durch eine verkürzte Perspektive gekennzeichnet, denn mit keinem Wort geht er darauf ein, dass er, wie es Andri vorausgesehen hat, der Judenschau fern geblieben ist, wo er aber hätte für Andri Partei ergreifen und für ihn aussagen können. Sein Schweigen bei der Zeugenaussage wiederholt und verdoppelt sein Schweigen auf die Frage von Barblin: „Wo, Pater Benedikt, bist du gewesen, als sie unseren Bruder geholt haben wie Schlachtvieh, wie Schlachtvieh, wo?" (S. 116, Z. 6–8/siehe die Regieanweisung im Nebentext) Der Pater ist somit die personalisierte Bestätigung für die These Peiders, die Kirche sei auch nur aus roter

> Sonderrolle des Paters

> Schuld und Versagen des Paters

2.4 Personenkonstellation und Charakteristiken

Erde gemacht und sei nicht so weiß, wie sie tue (siehe 1. Bild, S. 11). Da, wo es gegolten hat zu sprechen, hat der Pater geschwiegen. Und da, wo er gesprochen hat, in den beiden Gesprächen mit Andri, hat er versagt. Beide Gespräche (7. und 9. Bild) sind durch Asymmetrie und ein Scheitern der Kommunikation gekennzeichnet. Beide Gespräche führt der Pater nur auf Wunsch des Lehrers und seiner Frau, nicht aber, weil er die Nöte Andris erkennt und ihm beistehen will. Im ersten Gespräch, in dem Andri zunächst schweigt und sich verweigert, presst er den demoralisierten Jungen (Andri weint, schluchzt und bricht zusammen) mit professioneller Redestrategie, wohl gesetzten Versatzstücken aus dem Arsenal religiöser Rhetorik und unverbindlichen Allgemeinplätzen in das Bild vom Juden – der Rassismus kommt hier sozusagen philosemitisch daher. Im zweiten Gespräch, in dem der Pater seine Rolle und seine Person zunächst völlig überhöht („Ich bin gekommen, um dich zu erlösen.", S. 78, Z. 34), hat er Andri und seiner Argumentation nichts entgegenzusetzen; nun ist es an ihm zu schweigen, nun ist er hilflos (siehe die Hinweise im Nebentext S. 80 f.). Auch der Pater bleibt, wie die anderen Andorraner, nach der Judenschau das, was er vorher war; er arrangiert sich mit den neuen Verhältnissen, wie er sich in den alten eingerichtet hat.

2.4.5 Doktor/Tischler/Geselle/Wirt/Jemand/Soldat

Der **Doktor** gibt sich weltmännisch und heimatverbunden zugleich. Die Wörter „Welt" und „Andorra" sind Hauptbestandteile seines Vokabulars. Seine Weltläufigkeit offenbart sich aber als Ansammlung von Vorurteilen, denn was er Andri im vierten Bild mitzuteilen weiß, ist nicht mehr und nicht weniger als die Behauptung, die Juden hockten auf allen Lehrstühlen der Welt und hätten auch ihn an der Karriere gehin-

2.4 Personenkonstellation und Charakteristiken

dert. Seine fachliche Kompetenz darf angezweifelt werden, denn weder erklärt er Andri, was ein Virus ist, noch übersetzt er ihm die verwendete lateinische Allerweltsfloskel. Seine groteske Behandlungsmethode (er lässt Andri mehrfach AAAAAAndorra sagen, raucht während der Untersuchung Zigarillos und wundert sich, dass Andri husten muss) spricht ebenfalls nicht für sein fachliches Können. Dass seine Inkompetenz der Grund für die nicht erfolgte Karriere in der Welt sein könne, kommt ihm natürlich nicht in den Sinn. Er betont zwar, dass ihm Titel nicht wichtig seien, bringt aber seine berufliche Stellung (Amtsarzt) und seine akademischen Titel (Doktor, Professor) immer wieder ins Spiel. Bei seiner Zeugenaussage sagt er in einem Atemzug, dass man sich damals wohl getäuscht habe in Andri und stellt fest, dass Andri in seinem Verhalten „etwas Jüdisches" gehabt habe. Dies macht deutlich, dass sein Antisemitismus fester und anhaltender Bestandteil seiner Denk- und Wertvorstellungen ist und er eben nicht nur, wie er in der Aussage behauptet, einer „gewissen Aktualität erlegen" ist.

Der **Tischler** ist nicht nur auf seinen materiellen Vorteil bedacht (er verlangt eine große Summe für die Lehre und verschlechtert Andris Entlohnung für den Verkauf), sondern er hält mit seinem Rassismus überhaupt nicht hinter dem Berg, wenn er behauptet, Juden hätten das Tischlern nicht im Blut, seien aber für den Verkauf geboren. Dass er wider besseren Wissens behauptet, der schlechte (weil nicht verzapfte) Stuhl sei von Andri, zeigt, dass ein von rassistischen Vorurteilen geprägtes Weltbild gegen Vernunftargumente weitestgehend resistent ist, was aber im Falle des Tischlers nicht ausschließt, dass die Mystifizierung des Rassegedankens (die Fähigkeit zur Tischlerei wird an das Blut/die Herkunft gekoppelt) und das Bedachtsein auf materiellen Vorteil Hand in Hand gehen.

2.4 Personenkonstellation und Charakteristiken

Der **Geselle** kann feige und opportunistisch genannt werden; er ist ein falscher Freund, der Andri nicht nur im Stich lässt, als der Meister die Stühle prüft und fragt, wer in der Werkstatt geraucht habe, sondern der ihn, mit den Soldaten als Verstärkung, tritt und zugleich – in der Aussage – heuchlerisch den Vorwurf erhebt, Andri habe sich zurückgezogen und sei nicht mehr zum Fußball gekommen.

Der **Wirt**, von dem auf Grund der Aussagen Andris und des Lehrers sowie seines Verhaltens während der Judenschau angenommen werden darf, dass er die Senora durch einen Steinwurf getötet hat, ist als charakterloser Geschäftemacher gezeichnet. Den nationalistischen Phrasen des Arztes pflichtet er mit der gleichen Gewissenlosigkeit bei, mit der er die Senora tötet, nachdem er floskelhaft die Gastfreundschaft gepriesen hat, und mit der er Andri beschuldigt, der Mörder zu sein.

Der **Jemand** ist Repräsentant einer Mehrheit, deren Meinung darin besteht, keine eigene Meinung zu haben bzw. keine eigene Meinung zu äußern, und die dafür steht, geschehenes Unrecht möglichst bald zu vergessen. Dass der Judenschauer zunächst den Jemand für einen Juden hält, kann nach zwei Richtungen hin verstanden werden: einerseits macht es die Absurdität des gesamten Vorgangs klar (der „unfehlbare" Judenschauer bestimmt mit dem Jemand und mit Andri zweimal jemanden, der gar kein Jude ist). Andererseits macht es wiederum deutlich, dass die Willkür einer diktatorischen Macht jeden treffen kann und dass das Schweigen unter solchen Umständen keine Garantie dafür ist, mit heiler Haut davonzukommen. Im Jemand offenbart sich eine Haltung, die zwar nicht von offenem Antisemitismus geprägt ist, deren Indifferenz aber dazu beiträgt, dass sich Vorurteile, Hass und rassistisches Gedankengut ausbreiten können.

Der **Soldat** Peider steht für ein Maulheldentum ohne jegliche

2.4 Personenkonstellation und Charakteristiken

Überzeugung. Seine Ankündigungen, er werde Andorra verteidigen, erweisen sich als Phrasendrescherei. Gesinnungslos wie er ist, stellt er sich den neuen Machthabern zur Verfügung, zu denen er nicht schnell genug überlaufen kann. Seine Charakterschwäche versucht er durch sexistische Sprüche, Alkoholkonsum und Aggressivität gegenüber Schwächeren zu kompensieren; liebesfähig ist er nicht; roh und brutal fällt er über Barblin her.

2.4.6 Senora/Mutter

Die **Senora,** Andris leibliche Mutter, ist offensichtlich nicht nur eine attraktive und elegante Erscheinung (Andri nennt sie eine „phantastische Frau"), sondern von erfrischender Offenheit, Direktheit und Klugheit (siehe die Vordergrundszene nach dem achten Bild). Mutig und hilfsbereit springt sie Andri bei, als er verprügelt wird; und offen spricht sie das an, was der Lehrer seit zwanzig Jahren seinem Sohn gegenüber verschwiegen hat. Trotz dieser Charaktereigenschaften und Verhaltensweisen fehlt der Figur eine wirkliche Kontur, was nicht nur damit zusammenhängt, dass sie, kaum dass sie aufgetaucht ist, auch schon wieder verschwindet, sondern dass ihr hauptsächlich eine dramaturgische Funktion zukommt. Mit ihr kommt die

Dramaturgische Funktion

Wahrheit über Andris Herkunft nach Andorra, mit ihr erhalten wir auch Einsicht in die Ursachen des Selbsthasses des Lehrers, mit ihrer Ankunft wird deutlich, dass Xenophobie (Fremdenfurcht) ein Teil des Alltagsbewusstseins der Andorraner ist. Und ihre Ermordung liefert den Vorwand für den Einmarsch der Schwarzen in Andorra. Und so ganz mag man ihr die Mutterliebe nicht abkaufen, wenn sie ihr Auftauchen in Andorra, immerhin zwanzig Jahre nach der Geburt Andris, damit erklärt, dass sie auf die Antwortbriefe des Lehrers ge-

2.4 Personenkonstellation und Charakteristiken

wartet habe ("Ich schrieb ein zweites Mal, ein drittes Mal. Ich wartete auf Antwort. So verging die Zeit." S. 72, Z. 18 f.). Dass sie in Friedenszeiten den Kontakt zu ihrem Sohn nicht gesucht hat, aber zu einer Zeit nach Andorra kommt, in der das Land von den Invasionstruppen der Schwarzen bereits umstellt ist, deutet ebenfalls auf die dramaturgische Funktion der Figur hin.

Die **Mutter**, so gering ihre Rolle, gemessen an den Sprechanteilen, auch ist, ist eine starke Persönlichkeit. Sie ergreift für Barblin und Andri Partei, sie hält dem Lehrer seinen Verrat vor, sie verteidigt bei der Judenschau mutig Andri, sie reagiert auf die Wahrheit, Andris Herkunft betreffend, nicht mit Larmoyanz oder verletzter Eitelkeit, sondern behandelt Andri weiterhin wie ein eigenes Kind. Dennoch vermag sie es offensichtlich nicht, mit Andri das direkte Gespräch zu suchen. Auch wird nicht deutlich, ob sie sich dagegen wehrt, Andri in ein Bildnis zu pressen, zumal der Pater ausdrücklich betont, dass er in ihrem Auftrag mit Andri sprechen will (7. Bild). Weder sehen wir sie vor der Zeugenschranke noch ist sie im Schlussbild an der Seite ihrer Tochter. So bleibt offen, ob und wie sie weiterhin unter den Andorranern lebt.

2.4.7 Der Judenschauer

Der personalisierte Kern der Gewalt der "Schwarzen", der Judenschauer, tritt in Zivil auf. Seine Macht bedarf nicht der Sprache, sie konstituiert sich vielmehr durch das Schweigen, das Widerspruch nicht zulässt. Außer durch seine Zivilkleidung und das Schweigen, das er aber mit den Soldaten der Schwarzen teilt, wird er durch die Geste des Zwicker-Putzens und den Hinweis im Nebentext konturiert, er benehme sich wie ein "schlichter Beamter" (S. 106, Z. 7). Frisch bringt mit dem Judenschauer einen Bürokraten der Macht auf die Büh-

2.4 Personenkonstellation und Charakteristiken

ne, einen verbeamteten Mörder, der sein Geschäft emotionslos betreibt. Er erklärt sich aus sich selber bzw. aus der Sache, die er tut. „Sein Wesen ist seine Funktion; er ist konkret nicht mehr zu fassen."[29] Seine Monströsität besteht darin, dass er wesenlos zu sein scheint, eine Art Maschine, die unaufgeregt und zugleich „beamtenhaft – unbeteiligt – gewissenhaft" (S. 110, Z. 7 f.) funktioniert und gerade dadurch ihre eigene Mystifikation erschafft: „Der irrt sich nicht." (S. 100, Z. 22)

2.4.8 Das Selbstbild und das Fremdbild der Andorraner

Nicht nur in der Beziehung zwischen Individuen spielen Vorurteile oder Bildnisse eine Rolle, sondern auch in der Beziehung zwischen Gruppen (Völkern, Staaten und Nationen). Den Angehörigen der eigenen Gruppe (Nation, Volk) und einer anderen Gruppe schreiben wir bestimmte Eigenschaften zu. Das Vorstellungsbild, das wir so entwickeln, nennt man Stereotyp; bezogen auf die eigene Gruppe entsteht ein Autostereotyp (Selbstbild), bezogen auf eine andere Gruppe ein Heterosterotyp, ein Fremdbild. Dieses Muster der Erschaffung eines Selbst- und eines Fremdbildes zeigt sich auch in den Äußerungen der Andorraner über sich selbst und andere. Dabei ordnen die Andorraner sich ausschließlich positive Eigenschaften zu, Andri – als Vertreter des Judentums – werden negative Eigenschaften zugewiesen. Der Pater kennzeichnet Andorra als ein frommes und gottesfürchtiges Land, das sich empört hat über die Gräueltaten der Schwarzen und für Flüchtlinge Kleider gesammelt hat (S. 12). Peider behauptet, Andorraner hätten keine Angst (S. 22). Der Arzt schreibt seinem Volk zu, nicht zu kuschen, wenn er sagt, Andorraner machten keine Bücklinge, Titel zählten nicht und jeder gelte, was er sei. Andorra, so der Arzt, sei demokratisch und frei

29 Bekes, S. 22

2. Textanalyse und -interpretation

2.4 Personenkonstellation und Charakteristiken

(S. 38 f.). Andri, dem vermeintlichen Repräsentanten des Judentums, werden Eigenschaften zugesprochen, die den Andorranern als typisch für diese Gruppe gelten: Feigheit nennt der Soldat, Überempfindlichkeit kennzeichnet der Pater als jüdische Eigenschaft, Geldgier und Wucherei schreiben der Wirt und Tischler den Juden zu, der Arzt konstatiert einen übersteigerten Ehrgeiz und der Geselle sieht mangelnde Geselligkeit als typische Merkmal des „Juden" Andri. Stellt man dieses Selbstbild dem Fremdbild gegenüber und gleicht beide mit dem tatsächlichen Verhalten der Andorraner ab, so ergibt sich, dass sie eigene negative Eigenschaften und Verhaltensweisen auf Andri projizieren.

Autostereotyp der Andorraner (Selbstbild)	Verhalten der Andorraner
fromm, gottesfürchtig	verhalten sich unchristlich gegenüber Andri, Pater versagt
demokratisch, frei	fügen sich ohne Widerstand den Anweisungen der Schwarzen
furchtlos	sind voller Furcht
mutig	erweisen sich als feige
kuschen nicht	passen sich an

Heterostereotyp *(Fremdbild/Vorwurf gegenüber Andri)*	Verhalten der Andorraner
Geilheit	Peider vergewaltigt Barblin
Feigheit	leisten keinen Widerstand, Peider läuft über
Geldgier	überhöhtes Lehrgeld (Tischler)

2.4 Personenkonstellation und Charakteristiken

Wucher	Kauf des Landes unter Wert (Wirt)
Ehrgeiz	Betonung der Stellung/Hervorhebung von Titeln (Arzt)
Ungeselligkeit	stoßen Andri aus

Die Andorraner übertragen ihre eige-   Andri als Sündenbock
nen negativen Verhaltensweisen und
Eigenschaften auf Andri, der für sie die Funktion des Sünden-
bocks einnimmt (Entlastungsfunktion des Vorurteils). Diese
Sündenbockfunktion Andris wird gestisch dadurch symboli-
siert, dass der Pater Andri mehrfach die Hände auflegt, was
daran erinnert, dass in den religiösen Ritualen, wie sie im
Alten Testament (3. Buch Mose) geschildert werden, der Pries-
ter dem als Opfertier ausgesuchten Bock seine Hände auf das
Haupt legte und so die Sünden des Volkes Israel symbolisch
auf das Tier übertrug.

Als Vor-Urteile, also Meinungen und Ansichten, die nicht hin-
reichend geprüft, starr und rationalen Argumenten nicht zu-
gänglich und letztlich im vor-kognitiven Bereich angesiedelt
sind, werden die Auffassungen der Andorraner im Drama dadurch aufgezeigt, dass die Figuren, die einen bestimmten Vorwurf gegenüber Andri erheben, sich selber genau dem Vorwurf entsprechend verhalten, wogegen Andri dem Bild
(weitestgehend) nicht entspricht. Peider etwa schreibt den
Andorranern Mut und Andri Feigheit zu; er selbst läuft aber
zu den Schwarzen über und macht sich zu deren willfährigem
Helfer. Andri erweist sich demgegenüber als mutig: er tritt als
Einzelner Peider und seinen Kumpanen gegenüber, er schickt
Barblin weg, als die Soldaten kommen, um Barblin nicht zu
gefährden. Zum rassistischen Vorurteil bzw. zum anti-semiti-
schen Vorurteil werden die Stereotype dadurch, dass die

2.4 Personenkonstellation und Charakteristiken

Andorraner Andri nicht als Individuum sehen, sondern als Repräsentanten eines Volkes (einer Rasse), dem (der) bestimmte Eigenschaften und Verhaltensweisen zugeschrieben werden. In der biologistischen Ausprägung ist dieser Rassismus am deutlichsten beim Tischler ausgebildet, der behauptet, Andri habe als Jude das Tischlern nicht im Blut, dafür aber das Verkaufen (siehe S. 31 f.).

Die Funktion von Autostereotyp und Heterostereotyp

Die Funktion des Zusammenspiels von Autostereotyp (positive Eigenschaften, die der eigenen Gruppe zugeschrieben werden) und Heterostereotyp, (negative Eigenschaften, die der anderen Gruppe zugeschrieben werden) besteht darin, die eigene Gruppe (ingroup) durch Abgrenzung von der anderen Gruppe (outgroup) überhaupt erst als Gruppe zu konstituieren, also das „wir" durch eine Abgrenzung vom „sie" zu erschaffen. Diesen Mechanismus sehen wir im Stück *Andorra* in der Abgrenzung der Andorraner von den Schwarzen gespiegelt.

Die Andorraner und die Schwarzen

Die Andorraner halten sich für etwas Besseres, sie meinen anders zu ein als die Schwarzen, sie glauben, in der „ganzen Welt (...) beliebt" zu sein, weil Andorrra, so der Arzt, ein „Hort des Friedens und der Freiheit und der Menschenrechte" sei (S. 64). Das Stück zeigt aber, dass es zwischen den Schwarzen und den Andorranern keinen wesentlichen Unterschied gibt. Der Antisemitismus wird nicht mit den Panzern der Schwarzen nach Andorra getragen, sondern ist dort längst ein Teil des Alltagsbewusstseins. Und so kritisieren die Andorraner auch nicht den rassistischen Kern der Judenschau oder den Rassismus überhaupt, sondern nur die Auswüchse (nämlich die Verstümmelung Andris durch das

Rassismus der Andorraner

Abhacken des Fingers). Durch die schwarzen Tücher, die die Andor-

2.4 Personenkonstellation und Charakteristiken

raner sich bei der Judenschau über den Kopf ziehen (müssen), werden sie nicht nur gesichtslos (das Individuum verschwindet und wird Teil eines anonymen Kollektivs), sondern sie werden (symbolisch) zu Schwarzen. Auch das verdeutlicht, dass die Andorraner nicht wirklich anders sind, ganz so, wie es die Senora dem Lehrer bereits gesagt hat: „Vielleicht wolltest du zeigen, daß ihr so ganz anders seid als wir. (...) Aber sie sind hier nicht anders, du siehst es, nicht viel." (S. 72)

2.5 Sachliche und sprachliche Erläuterungen

Da die eingesetzte Textausgabe ausführliche Wort- und Sacherklärungen enthält, wird, um Verdoppelungen zu vermeiden, auf eigene Angaben verzichtet. Sollte eine andere Ausgabe zum Einsatz kommen, so sei verwiesen auf die Wort- und Sacherklärungen in Bänzinger, S. 5–21.

2.6 Stil und Sprache

Im Zusammenhang mit der Figurenkonstellation und den Charakteristika ist bereits darauf hingewiesen worden, dass Andri eine Entwicklung zugestanden wird, er als dynamische Figur angelegt ist und – der differen-

Sprache als Ausdruck eines Bewusstseinszustandes

zierten Charakterzeichnung entsprechend – seine Sprache die größte Spannweite aufzuweisen hat. Das Kollektiv der Andorraner ist durch eine Provinzialität und Enge des Denkens und Handelns gekennzeichnet, durch überindividuelle Bewusstseinsinhalte, wie sie etwa in den Zeugenaussagen zum Ausdruck kommen, die alle (Ausnahme: der Pater) die gleichen Entschuldigungsfloskeln enthalten. Mit Ausnahme der Sprache des Arztes und des Paters ist die Sprache der Andorraner (syntaktisch) eher einfach und konventionell mit Hang zum Floskelhaften. Das Verschwinden des Individuums hinter dem Kollektiv – so wie der Wirt bei der Judenschau in der Gruppe der Vermummten untertaucht und sich darin als Individuum auflöst – findet seinen sprachlichen

Kollektive Sprachmuster

Ausdruck in der Vorliebe der Andorraner für den Gebrauch des Personalpronomens „wir" an Stellen, an denen die Singular-Form „ich" durchaus angemessen wäre. So sagt der Geselle in der Zeugenaussage: „Als wir ihn nochmals fragten wegen Fußball, da war er sich schon zu gut für uns." (S. 36, Z. 11 f.). Dieser Sprachgebrauch hat seine Entsprechung in der Anrede Andris, wenn er als Individuum dadurch hinter dem Kollektiv verschwindet, dass aus dem persönlichen „du" eine distanzierendes und distanziertes „ihr" wird.

Der Pater zu Andri: „(...) aber eine Unart, das muß ich leider schon sagen, habt ihr alle: Was immer euch widerfährt in

2.6 Stil und Sprache

diesem Leben, alles und jedes bezieht ihr nur darauf, daß ihr Juden seid." (S. 59, Z. 17–20). Andris Sprache weist zwei unterschiedliche Ebenen auf. Einerseits spricht er in den Gesprächen mit dem Tischler, dem Soldaten usw. die andorranische Alltagssprache; immer dann jedoch, wenn er innerste Gefühle zum Ausdruck bringen will oder sich in extremen Spannungssituationen befindet, wird seine Sprache bildhaft und weist Elemente des Lyrischen, des Gestisch-Rhythmischen und der Sprache des Alten Testaments auf (vergl. z. B. die eher lyrische Passage auf S. 18, Z. 31 ff. und die Passage im 9. Bild, S. 80/81). Sprache und Sprachgebrauch dienen hier nicht nur dazu, Andris Situation zu verdeutlichen und ihn zu charakterisieren, sondern ihn als Individuum dem Kollektiv sprachlich gegenüberzustellen.[30]

Sprachebenen Andris

Sprachliches Mittel/Stil	Erklärung	Textbeleg
Akkumulation	Häufung (z. B. eines Wortes)	Vgl. S. 39, Z. 29 ff.
Anapher	Wort oder Wortgruppe zu Beginn zweier aufeinander folgender Sätze	Vgl. z. B. S. 38, Z. 18 f.
Ellipse	unvollständiger Satz	Vgl. S. 25, Z. 8 ff.
Emphase	nachdrückliche Betonung, z. B. durch Umstellung	Vgl. S. 29, Z. 9 f

---

30 Vgl. zu diesem Abschnitt Meurer, S. 23–57; Meurer präsentiert eine ausführliche Analyse von Stil und Sprache

2.6 Stil und Sprache

Floskel	Leerformel	Vgl. S. 21, Z. 23–26
Jargon	umgangssprachlicher Ausdruck	Vgl. S. 22, Z. 5 ff.
Klimax	Steigerung	Vgl. S. 12, Z. 25–27
Metapher	Bildform	Vgl. S. 47, Z. 8 ff.
Parallelismus	Zwei aufeinander folgende Sätze sind syntaktisch identisch	Vgl. z. B. S. 50, Z. 5 f.
Stichomythie	Schnelle Wechselrede; Ins-Wort-Fallen	Vgl. z. B. S. 51, Z. 20 ff.

2.7   Interpretationsansätze[31]

In Frischs Drama überschneiden sich, wie bereits im Kapitel 1.3 ausgeführt, eine „private" und eine „öffentliche" Thematik, die Suche Andris nach Identität und Andris Konfrontation mit gesellschaftlichen Vorurteilen (Stereotypen), die ihn in ein Bildnis drängen. Dieses Bildnisthematik kann sicherlich als

Das Verfertigen von Bildnissen als zentrales Thema

der zentrale thematische Aspekt des Dramas genommen werden, der zugleich ein zentrales Thema des Gesamtwerkes von Frisch ist (siehe ebenfalls 1.3). Der Wirkungsmechanismus von Vorurteilen, ihre Bedeutung für die Herausbildung einer *ingroup* durch Abgrenzung von einer *outgroup*, die Zuschreibung negativer Eigenschaften und Merkmale durch Projektion auf einen Sündenbock können im Stück *Andorra* exemplarisch aufgezeigt werden. Bleibt man allerdings bei dieser Betrachtungsweise stehen, ergeben sich zwei Ansatzpunkte zur Kritik. Der erste besteht darin, dass *Andorra* nur literarisch transportiert, was wir aus den Gesellschaftswissenschaften (Soziologie, Psychologie) längst wissen und was dort dutzendfach beschrieben und nachgewiesen worden ist. Der zweite Ansatzpunkt besteht darin, ob das Stück, indem es den Wirkungsmechanismus von Stereotypen im Kontext des Antisemitismus modellhaft aufzeigen will, die historische Dimension des Holocaust nicht unzulässig verkürzt (auf ein austauschbares Muster reduziert). Die Kritik in diese Richtung ist bereits nach der Urauf-

Ansatz zur Kritik: Verharmlosung des Antisemitismus

führung von F. Torberg formuliert worden, der in seiner Rezension u. a. schrieb:

---

31   Der folgende Abschnitt erhebt nicht den Anspruch, das Stück zusammenfassend zu interpretieren. Vielmehr sollen einige Aspekte zur Deutung kurz angeschnitten werden.

2.7 Interpretationsansätze

> *„Liegts an der Oberfläche oder liegt es tiefer, daß alles, was an diesem Stück nicht stimmt, sich auf den Nenner Austauschbarkeit bringen ließe? Angefangen von ‚Andorra‘ bis zum zentralen Punkt und Problem, bis zum vermeintlichen Juden Andri, den Frisch ja gar nicht als Juden, sondern – ebenso wie Andorra – als ‚Modell‘ verstanden wissen will? ‚Heute oder morgen‘, so wird uns im Programmheft von autoritativer Seite versichert, ‚kann der Jud Kommunist heißen, oder Kapitalist, oder Gelber, Weißer, Schwarzer, je nachdem.‘"*[32]

Der Vorwurf, der hier erhoben wird, ist der, dass die historische Einmaligkeit des Holocaust als beliebig austauschbar gegen andere Prozesse der Bildung von Stereotypen angesehen wird, so wie ja auch Gelbe, Weiße und Schwarze, Kapitalisten und Kommunisten als beliebig austauschbare potenzielle Opfer von Vorurteilsbildung dargestellt werden.

Gegen diesen Vorwurf hat als einer der ersten Helmut Krapp im Programmheft zur Frankfurter Aufführung (1962) Stellung genommen. Er schreibt u. a.:

Zurückweisung der Kritik

> *„Zwar kann man sich an Stelle Andris, des Juden, einen Neger denken, einen Kommunisten, jeden, den eine herrschende Gesellschaft zum Opfer ihres Vorurteils bestimmt – der Jude bleibt das gültigste Beispiel, weil der Antisemitismus ein geradezu archaisches Vorurteil mit katastrophalen Folgen ist, wirklichkeitsträchtig und besudelt wie kein zweites. Hyperbolisch ausgedrückt: jedes Vorurteil, mit dem wir unserem Nächsten verwehren, er selbst zu sein, ist nur eine verdeckte Form des Antisemitismus. Es ist schon der Anfang des Pogroms, in dem er – kommt es so weit – gelyncht werden wird."*[33]

---

32 Friedrich Torberg: *Ein fruchtbares Mißverständnis.* In: Das Forum 7 (1961) H.96, S. 455 f., zitiert nach Bänzinger, S. 51 (siehe auch Kap. 5/Materialienteil)

33 zitiert nach Wendt; Schmitz, S. 100

2.7 Interpretationsansätze

Nun ist es allerdings so, dass die Mehrheit des Publikums im Deutschland der 60er Jahre sehr wohl als historischen Kontext des Stücks den Nationalsozialismus gesehen hat und zugleich erkannt hat, dass das Stück auch den Umgang mit dieser Epoche der deutschen Geschichte, nämlich das Verdrängen und Vergessen der eigenen Mitverantwortung bzw. Mitschuld, in dramatisierter Form aufzeigte (v. a. durch die Aussagen vor der Zeugenschranke). Manfred Durzak schreibt in diesem Zusammenhang:

„Man fasste das Stück als einen auf der Bühne stellvertretend in Bewegung gesetzten Prozess auf, der das deutsche Publikum und seine politische Vergangenheit vor die Schranken eines imaginären Gerichts zitierte und mit dem Urteil über den Andorraner zugleich ein Urteil über dieses Publikum sprach." [34]

Das Thema Ich-Findung: Identität und Identitätssuche

Im Zusammenhang mit der Bildnisthematik und dem Antisemitismus als Bezugspunkt steht als zweiter thematischer Hauptaspekt die Suche nach Identität, exemplarisch aufgezeigt am Schicksal Andris. Auch hier kann man bei der Interpretation, so wie es in der begleitenden Literatur seit der Uraufführung der Fall ist, durchaus Ansatzpunkte zur Kritik finden. So mag man es durchaus als einen konzeptionellen Bruch empfinden, dass der zwanzigjährige Andri sich nicht nur in die ihm zugewiesene Rolle des Außenseiters einfügt, sondern sich mit diese Rolle nahezu überidentifiziert, indem er sich zum Märtyrer des gesamten jüdischen Volkes stilisiert. Signalisiert wird diese Über-Identifikation unter anderem

Brüche in der Dramaturgie

durch den veränderten Sprachgebrauch, den man für einen Zwanzigjährigen als wenig authentisch empfinden muss. Um diesen

---

34 Durzak, S. 219 f.

2.7 Interpretationsansätze

Prozess der Identifikation in Gang zu setzen und zu steigern sowie zugleich mit dem „öffentlichen" Handlungsstrang (Bedrohung Andorras durch die Schwarzen) zu verknüpfen, bedarf es des Auftauchens der leiblichen Mutter Andris. Auf diesen dramaturgischen Notbehelf abhebend schreibt Siegfried Melchinger:

> *„Hier hat das Modell einen Bruch, der uns betrifft. Frisch hat ihn durch die mühsam eingebauten Szenen der Senora (der Mutter Andris, die plötzlich auftaucht, und, weil sie eine ‚Schwarze' ist, von den Andorranern erschlagen wird) nur schlecht verdeckt. Diese Gestalt ist unglaubwürdig: sie legt eine Mütterlichkeit an den Tag, die sie zwanzig Jahre vergessen hatte."*[35]

Neben der Bildnis- und der Identitätsthematik soll auf einen dritten Aspekt

Angst als Thema

hingewiesen werden, der das Stück wie ein Grundthema durchzieht, nämlich die Auseinandersetzung mit der Angst. Bereits im 1. Bild klingt das Thema an, wenn Barblin ihre Fragen an den Pater richtet, und – ihre Angst überwindend – gleichwohl Andri heiraten will. Der Lehrer und die leibliche Mutter Andris verleugnen ihr Kind aus Angst vor der Reaktion ihrer jeweiligen Landsleute. Andri überwindet seine Angst, fordert Peider heraus und stellt sich zugleich alleine den Soldaten der Schwarzen (er schickt Barblin weg). Barblins Auftreten bei der Judenschau ist eine einzige Manifestation der Überwindung von Angst, wogegen die Andorraner von Angst beherrscht sind. Sie ziehen sich Tücher über den Kopf, die nach „Angstschweiß" (S. 99, Z. 15) riechen, und reagieren mit „Angstgelächter" (S. 106, Z. 19). Pater Benedikt bleibt aus Angst der Judenschau fern.

35 zitiert nach Bänzinger, S. 47

2. Textanalyse und -interpretation

2.7 Interpretationsansätze

Max Frisch Stück *Andorra* mag deshalb auch Anlass sein, darüber nachzudenken, welche Rolle Angst bei der Herausbildung von Vorurteilen und beim Einpassen in gesellschaftliche Rollenzwänge spielt.[36]

---

36 Vergl. hierzu A., S. 157 f.

3. Themen und Aufgaben

Die Lösungstipps beziehen sich auf die Kapitel der vorliegenden Erläuterung.

1) Thema: Aufbau des Dramas
Bild 1–12

▶ Weisen Sie nach, dass das 1. Bild die Funktion einer Exposition erfüllt! *siehe 2.2/2.3*

▶ Zeigen Sie Parallelen zwischen dem 1. und dem 12. Bild auf! *siehe 2.2/2.3*

▶ Erläutern Sie die Bedeutung des 2. Bildes für den Aufbau des Dramas! *siehe 2.2/2.3*

2) Thema: Identitätssuche, Identitätskrise und Identitätsfindung Andris

▶ Erläutern Sie die Bedeutung des 7. Bildes für Andris Identitätsfindung! *siehe 2.2/2.4*

▶ Vergleichen Sie Andris Verhalten gegenüber Barblin im 2. und im 11. Bild! *siehe 2.2/2.4*

▶ Weisen Sie nach, dass sich Andris Identifikation mit seiner Rolle als Jude auch in seinem Sprachgebrauch spiegelt! *siehe 2.4/2.6*

3. Themen und Aufgaben

▶ Schreiben Sie Andris Gedanken und Gefühle nach dem 6. Bild in Form eines fiktiven Tagebucheintrags auf! *siehe 2.2/2.4*

3) Thema: Bildnisthematik – Antisemitismus

siehe 2.2/2.4

▶ Weisen Sie anhand geeigneter Textstellen das Selbstbild und das Fremdbild der Andorraner nach! *siehe 2.1/2.7*

▶ Nehmen Sie begründet zu der These Stellung, *Andorra* verharmlose den Antisemitismus!

4. Rezeptionsgeschichte[37]

Andorra ist Max Frischs erfolgreichstes Theaterstück; kein anderes seiner Bühnenwerke hat so viele Aufführungen erlebt. Allein in der Spielzeit 1962/63 kam es zu 934 Vorstellungen auf deutschsprachigen Bühnen (lediglich Friedrich Dürrenmatts *Die Physiker* verzeichnete in diesem Jahr mehr Aufführungen). Auf die Premiere in Zürich (2., 3. und 4. 11. 1961) folgte alsbald die deutsche Premiere, die – ein außergewöhnliches Ereignis – an drei Orten zugleich stattfand, nämlich in Düsseldorf, Frankfurt am Main und München (20. 1. 1962). Nur wenig später kam es zu Aufführungen in Berlin und Stuttgart. 1962 wurde *Andorra* in Österreich und in Israel auf die Bühne gebracht, 1963 wurde es in New York inszeniert. In zahlreichen west- und osteuropäischen Ländern kam das Stück in den Folgejahren auf die Bühnen.

> Theatererfolg

Dem großen Publikumsinteresse in Deutschland entsprachen die überwiegend positiven Kritiken, die das Stück in deutschen Zeitungen schon nach der Uraufführung in Zürich erfahren hatte. Beispielhaft sei hier Joachim Kaiser zitiert, der in der „Süddeutschen Zeitung" vom 4./5. November 1961 u. a. schrieb:

> Positive Kritik überwiegt

> *„Frisch hat das Drama eines unheilbaren Vorurteils geschrieben. Er hat sich, und das bezeichnet zunächst die Grenze des Stückes, dabei auf die Frage nach dem Wie beschränkt. Nicht warum die Andorraner antisemitisch reagieren, wird erörtert, sondern auf welche Weise sie es tun. Das Drama fragt sich nicht in Menschen hinein, sondern es stellt fest. Am Anfang gleicht es beinahe einer dramatisierten Soziologie gesellschaft-*

---

37 Vergl. zu diesem Abschnitt Bänzinger, S. 39–65 und A., S. 146–150

4. Rezeptionsgeschichte

> *lich vermittelter antisemitischer Verhaltensweisen. [...] Es gibt*
> *im Augenblick wohl keinen deutschsprachigen Dramatiker, der*
> *einem solchen Thema auch nur annähernd so gewachsen wäre*
> *wie Max Frisch.*"[38]

Zu den wenigen Kritikern, die das Stück skeptisch bis ablehnend-negativ beurteilten, gehört Friedrich Torberg, der sich in der österreichischen Zeitschrift „Das Forum" vor allem mit dem Begriff des „Modells" auseinander setzte und mit dem im Programmheft der Uraufführung gegeben Hinweis, der Jude könne heute oder morgen „Kommunist oder Kapitalist, oder Gelber, Weißer, Schwarzer, je nachdem" heißen:

Eine kritische Stimme

> „*Hier, wenn nicht alles trügt, wurzelt das*
> *fundamentale Mißverständnis des Stücks.*
> *Jude, Jude-Sein, Judentum mögen als Begriffe oder Tatbestände*
> *der Eindeutigkeit entraten. Man kann vielleicht nicht ganz ge*
> *nau sagen, was sie sind. Aber man kann ganz genau sagen, was*
> *sie nicht sind: sie sind keine Modelle, keine austauschbaren*
> *Objekte beliebiger (und ihrerseits austauschbarer) Vorurteile,*
> *wie ja auch der Antisemitismus kein beliebiges (und seinerseits*
> *austauschbares) Vorurteil ist. So billig geben 's weder die Juden*
> *noch die Antisemiten. So einfach, so geheimnislos, so flach und*
> *physisch greifbar geht 's da nicht zu.*"[39]

Zu einem gänzlichen Misserfolg geriet die Aufführung in New York, wo *Andorra* nach nur neun Vorstellungen vom Spielplan abgesetzt wurde. Der Theatergeschmack der Amerikaner und die Mentalität des Publikums, die in den 60er Jahren in Westeuropa und Amerika wohl unterschiedlich waren, mögen diesen Misserfolg teilweise erklären.

---

38 zitiert nach Bänzinger, S. 43 f.

39 Friedrich Torberg, *Ein fruchtbares Mißverständnis*. In: Das Forum 7, 1961, H. 96, S. 455 f., zitiert nach Bänzinger, S. 51

5. Materialien

In der Diskussion um Max Frischs *Andorra* und die Bewertung des Stücks nimmt die Frage eine bedeutende Rolle ein, ob das Stück dem Antisemitismus und der Verfolgung und Vernichtung der Juden während des Nationalsozialismus gerecht wird oder ob dieser Antisemitismus als austauschbares Muster gesehen wird. Damit einher geht die Überlegung, ob mit dem Modell Andorra Deutschland gemeint ist oder Frisch Kritik an der Schweiz übt. Rudolf Walter Leonhardt sieht das Stück in Deutschland verortet, der Schweizer Manfred Kuhn betont die (indirekte) Kritik an der Schweiz.

„Max Frisch versichert in einer einleitenden Bemerkung zu seinem Stück ‚Andorra‘, von dem hier die Rede ist, es sei nicht das wirkliche Andorra gemeint. (…) Das historische Modell für Andorra ist Deutschland. (…) Kurz: Wir haben den Eindruck, dass es sich die Kritik bisher ein bisschen zu leicht gemacht hat, wenn sie aus einem so hart treffenden Stück nicht mehr herauslesen konnte als: Es ist gut, sich ‚kein Bildnis‘ zu machen, keine Vorurteile zu haben. Der Autor ist an dieser verharmlosenden Interpretation nicht schuldlos. Wenn er sagte: Andorra ist Deutschland, wie ich es erlebt habe, wie ich es sehe – dann müsste man ihm dankbar sein, dann könnte man endlich einmal wieder ernsthaft, und das heißt konkret, darüber reden.“[40]

---

40 Rudolf Walter Leonhardt, *Wo liegt Andorra?* In: Die Zeit. Nr. 4. 26. Januar 1962, S. 9. Zitiert nach Bänzinger, S. 80

5. Materialien

„Die These, Andorra bedeute bei Frisch Deutschland, klingt hier in der Schweiz ganz absurd. Wir haben immer zu wissen gemeint, dass Andorra zweifellos die Schweiz ist, die Schweiz, so wie sie sich Max Frisch im Falle einer Nazi-Besetzung vorstellt, wobei die ‚Schwarzen' eben die Nazis sind. Zwar betonte Frisch, Andorra sei weder Andorra noch ein anderer Kleinstaat ‚den ich kenne', doch hat ihm das hierzulande niemand abgenommen. Aus der Tagebuch-Stelle über den andorranischen Juden geht mit einiger Gewissheit hervor, dass Frisch jedenfalls ursprünglich an die Eidgenossen gedacht haben muss."[41]

Klaus Müller-Salget geht in seinem Aufsatz zu Max Frischs *Andorra* u. a. auf die besondere Rolle ein, die Andri und Barblin im Zusammenhang mit Frischs Auffassung haben, lediglich die Liebe bewahre davor, sich ein Bildnis von dem anderen zu machen. In dem Anfertigen eines Bildnisses von Barblin sieht Müller-Salget das Versagen Andris.

„Im Personenverzeichnis (…) stehen Andri und Barblin an der Spitze, die einzigen, die hier mit Namen genannt werden, nicht in Funktionen aufgehen (Tischler, Wirt usw.), sondern als Individuen gezeichnet sind, und das mit gutem Grund; denn sie lieben einander. Die Liebe, hat Frisch ja gehofft, befreie aus jedem Bildnis, und in der Tat ist Barblin diejenige Person, die sich kein Bild von Andri macht, die bis zum Schluss zu ihm hält, ihn zu retten sucht, auf einem anklagenden Gedenken beharrt. Gleichwohl wird auch diese Liebe ein Opfer des Vorurteils. Sie hätte sich gar nicht erst entwickelt, wenn der Lehrer die beiden rechtzeitig darüber aufgeklärt hätte, dass sie Halbgeschwister sind. Dazu rafft er sich aber nicht einmal dann auf, als Andri um Barblins Hand anhält und

---

41 Manfred Kuhn, *Andorra – überall*. Zitiert nach Bänzinger, S. 80

5. Materialien

sich den abschlägigen Bescheid nur mit seiner jüdischen Abkunft erklären kann (...). Schon vorher hat er, im Grübeln über die antijüdischen Urteile der anderen, die Liebe mit dem hingabebereiten Mädchen versäumt (...). So wird Barblin zum Opfer des roh gewalttätigen Soldaten, der ihr von Anfang an nachgestellt hat (...). Zur Rechtfertigung gibt Andri ihr keine Gelegenheit, sperrt sie vielmehr ein im Bild der Soldatenhure, die es ‚fröhlich und nackt' mit jedem treibe (...). Hier versagt auch er."[42]

Peter Bekes hebt die besondere Bedeutung des 12. Bildes für das gesamte Stück hervor; er weist darauf hin, dass mit der Inszenierung dieses Bildes die Aufführung stehe und falle und sich etliche Regisseure damit schwer getan hätten, die Szene mit ihren grotesken und teilweise surrealen Elementen zu gestalten. Bekes sieht im 12. Bild in einem metaphorischen Sinn die theatralische Realität der Vorurteile und die szenische Demonstration der den Vorurteilen immanenten Gewalt. Auch für die Struktur des Dramas weist er dem letzten Bild eine Schlüsselrolle zu.

„Auch in struktureller Hinsicht kommt dem letzten Bild eine Schlüsselposition zu. Die beiden Handlungsstränge, der öffentliche und private, konvergieren in diesem Bild. Schon die Vielzahl der Figuren, die hier auftreten, deutet darauf hin, dass die Szene eine Art kollektives Finale darstellt. Abgesehen vom Pater, der dem inhumanen Tribunal fernbleibt, aber gerade dadurch mitschuldig wird, sind wiederum alle Andorraner – ähnlich wie im 1. Bild – auf dem Platz versammelt. Sie haben sich nicht verändert, sondern nur das, was immer schon in ihrem Typus angelegt war, entfaltet: ihre Missgunst, Feigheit, Unterwürfigkeit, Gier, Angst, Laster, die

---

42 Müller-Salget, S. 64

5. Materialien

hier noch einmal konzentriert zum Ausdruck kommen. Diese haben ihr Opfer gefunden. Ein geschichtsloser Alltag nimmt sie alle wieder auf. (...) Die Andorraner sind nicht einmal mehr Typen, geschweige denn Personen. Sie sind wie Tiere in einen Pferch gesperrt, in angstvoller Erwartung, was mit ihnen geschehen wird. (...) Selbst das, was noch an Menschlichkeit erinnert, das Gesicht als Kernzone der Personalität, verschwindet unter der Tyrannei der Schwarzen. Indem die Andorraner ihre Gesichter mit schwarzen Tüchern verhüllen müssen, passen sie sich solcher namenlosen Gewalt an."[43]

Manfred Durzak kritisiert, Max Frisch setze die Vorurteile, denen sich Andri gegenübersieht, als gegeben voraus und spüre nicht ihrer (historischen) Entstehung nach. In diesem Zusammenhang beleuchtet er die Entwicklung Andris und seine Suche nach Identität.

„Andri, der in den ersten sechs Bildern konsequent von der Umwelt zurückgestoßen wird, der bei seinem Versuch, ein Andorraner unter Andorranern zu sein, ständig gehindert wird, hat im siebten Bild einen Krisenpunkt erreicht, den man als Identitätsverlust bezeichnen könnte. Man hindert ihn durch die verschiedensten Vorurteile, die man Juden anhängt, daran, ein normaler Mitbürger zu werden, wonach er eigentlich strebt, indem er Tischler werden will, indem er von dem Gesellen Fedri in die Fußballmannschaft aufgenommen werden möchte und indem er Barblin, seine vermeintliche Pflegeschwester, heiraten will. Frisch hat in diesen sechs Bildern beklemmend demonstriert, wie der Mechanismus des Vorurteils wirkt. (...) Allerdings ist trotz solcher überzeugenden szenischen Demonstration Frisch vorzuwerfen, dass er keineswegs

---

43 Bekes, S. 21

5. Materialien

*die historische Entstehung solcher Vorurteile analysiert. Es setzt
sie vielmehr als etwas faktisch Gegebenes voraus und analysiert
nur ihre Anwendung auf Andri selbst.* "[44]

**Während Max Frisch die Position einnimmt, man dürfe
sich kein Bildnis von einem anderen Menschen machen,
unterscheidet Bertolt Brecht zwischen falschen Bildern
von anderen und daraus resultierendem eigenen falschen Verhalten und solchen Bildern, die zur positiven
Veränderung beitragen können, indem der Mensch sich
nach dem positiven Bilde entwickelt.**

*„Wenn man den Menschen liebt, kann man aus seinen beobach-
teten Verhaltensarten und der Kenntnis seiner Lage solche Verhaltensarten für ihn ableiten, die für ihn gut sind. Man kann das
ebenso wie er selber. Aus den vermutlichen Verhaltensarten werden so wünschbare. Zu der Lage, die sein Verhalten bestimmt,
zählt sich plötzlich der Beobachter selber. Der Beobachter muß
also dem Beobachteten ein gutes Bildnis schenken, das er von ihm
gemacht hat. Er kann Verhaltensarten einfügen, die der andere
selber gar nicht fände, diese zugeschobenen Verhaltensarten bleiben aber keine Illusionen des Beobachters; sie werden zu Wirk-
lichkeiten: Das Bildnis ist produktiv geworden, es kann den kann
den Abgebildeten verändern, es enthält (ausführbare) Vorschläge.
Solch ein Bildnis machen heißt lieben.* "[45]

---

44 Durzak, S. 226
45 Brecht, *Über das Anfertigen von Bildnissen*; zitiert nach Bänzinger, S. 72 f.

Literatur

1) Ausgaben von Frischs Werken

Frisch, Max, *Andorra. Stück in 12 Bildern.* Mit einem Kommentar von Peter Michalzik. Frankfurt am Main ⁴1999 (Suhrkamp Basis Bibliothek Band 8).
[Nach dieser Ausgabe wird zitiert. Zitate aus dem Kommentar sind mit „A" gekennzeichnet.]

Frisch, Max, *Stücke 1.* Frankfurt am Main 3. Aufl. 1975 (suhrkamp taschenbuch Bd. 70).
[enthält die Dramen Santa Cruz, Nun singen sie wieder, Die Chinesische Mauer, Als der Krieg zu Ende war und Graf Öderland]

Frisch, Max, *Stücke 2.* Frankfurt am Main 4. Aufl. 1975 (suhrkamp taschenbuch Bd. 81).
[enthält die Stücke Don Juan oder die Liebe zur Geometrie, Biedermann und die Brandstifter, Die große Wut des Philipp Hotz, Andorra und Biographie: Ein Spiel.]

2) Lernhilfen und Kommentare für Schüler

Eisenbeis, Manfred, *Max Frisch, Andorra.* Stuttgart 1990 (Klett Lektürehilfen).
[enthält alle wesentlichen Aspekte zu Andorra; eignet sich für eine vertiefende Beschäftigung]

Heidenreich, Sybille, *Frisch, Andorra/Biedermann und die Brandstifter. Biografie und Interpretation.* 2. Auflage. Hollfeld 1974 (Analysen und Reflexionen Bd. 9. Beyer).
[kann zur ersten Orientierung dienen]

Kästler, Reinhard, *Max Frisch, Andorra.* 4. Aufl. Hollfeld 1993 (Königs Erläuterungen und Materialien Bd. 145).
(Vorläuferband dieser Ausgabe)

Knapp, Gerhard P.; Knapp, Mona, *Max Frisch, Andorra.* 7. Auflage. Frankfurt am Main 1998 (Grundlagen und Gedanken/Erzählende Literatur. Diesterweg).
(führt bündig in Entstehung und Thematik des Werks ein; enthält Materialien)

Meurer, Reinhard, *Max Frisch, Andorra.* München 1990 (Oldenbourg Interpretationen Bd. 35).
(eine ausführliche Arbeit, für eine vertiefende Beschäftigung geeignet; enthält Vorschläge zur Gestaltung des Unterrichts)

3)   Sekundärliteratur

Bänzinger, Hans, *Max Frisch, Andorra.* Erläuterungen und Dokumente. Stuttgart 1985 (Reclam Universal-Bibliothek Bd. 8170).
(ausgezeichnete Materialsammlung; Sach- und Worterklärungen; sollte in Ergänzung zum Textband unbedingt angeschafft werden)

Bekes, Peter, *Außenseiter. Max Frisch: Andorra. Gotthold Ephraim Lessing: Nathan der Weise.* Stuttgart 1988 (Anregungen für den Literaturunterricht).
(eine Einführung in beide Dramen, wobei der Schwerpunkt auf dem Vergleich der Hauptfiguren und ihrer Rolle als Außenseiter liegt; als ergänzende und vertiefende Lektüre empfehlenswert)

Bircher, Urs, *Max Frisch 1911–1955. Vom langsamen Wachsen eines Zorns.* Zürich 1997.

Literatur

Durzak, Manfred, *Dürrenmatt, Frisch, Weiss. Deutsches Drama der Gegenwart zwischen Kritik und Utopie.* 2. Auflage 1973

Eisenbeis, Manfred, *Stundenblätter. Max Frisch Andorra.* Stuttgart 1981 (Klett/Schulpraxis. Stundenblätter).

Müller-Salget, Klaus, *Max Frisch.* Stuttgart 1996 (Literaturwissen/Reclam Universal-Bibliothek Bd. 15210).
(führt kompakt in das Gesamtwerk von Max Frisch ein)

Schmitz, Walter (Hg.), *Max Frisch.* Frankfurt am Main 1987 (suhrkamp taschenbuch materialien 2059).

Schmitz, Walter (Hg.), *Über Max Frisch II.* 2. Aufl. Frankfurt am Main 1976 (edition suhrkamp 852).

Stephan, Alexander, *Max Frisch.* München 1983 (Beck Autorenbücher Bd. 37).

Stephan, Alexander, *Max Frisch.* In: Heinz Ludwig Arnold (Hg.), Kritisches Lexikon zur deutschsprachigen Gegenwartsliteratur (KLG). Bd. 3. 41. Nachlieferung (NLG). (edition text und kritik).

Wendt, Ernst; Schmitz, Walter, *Materialien zu Max Frischs Andorra.* Frankfurt 1978 (edition suhrkamp Bd. 653).

Literatur

4)   Internet/Medien

www.krapp-gutknecht.de/Andorra 1.html
(bietet eine gute Einführung in das Drama)

Audio Book/CD:
LiteraMedia (Suhrkamp Verlag)
(In Ergänzung zur kommentierten Buchausgabe bietet das Audio-Book Werklesungen, Kommentare und Originalaufnahmen, die multimediale CD-ROM präsentiert Materialien mit Such- und Bearbeitungsfunktion.)

Bitte melden Sie dem Verlag „tote" Links!

kurz & bündig

■ Bringt's auf den Punkt!

kurz & bündig
im praktischen Taschenbuch-Format 100 x 160 mm
Die Reihe ist für alle diejenigen konzipiert, die sich schnell auf eine bevorstehende Klassenarbeit oder eine Prüfungsklausur vorbereiten müssen. Wer Unterrichtsstoff zur eigenen Sicherheit nacharbeiten oder sich intensiv auf die nächste Unterrichtsstunde vorbereiten will, der findet in „kurz & bündig" genau den richtigen Lernpartner.

Thomas Brand, Thomas Möbius
Band 1
Erörterung – Sek I (Mittelstufe)
Best.-Nr. 1434-6

Thomas Möbius
Band 2
Erörterung – Sek II (Oberstufe)
Best.-Nr. 1435-4

Brand, Lödige, Möbius
Band 3
Bildbeschreibung, Charakteristik, Referat (Mittelstufe)
Best.-Nr. 1436-2

Thomas Möbius
Band 4
Textanalyse (Oberstufe)
Best.-Nr. 1437-0

Thomas Brand, Thomas Möbius
Band 5
Inhaltsangabe (Mittelstufe)
Best.-Nr. 1438-9

Hartwig Lödige
Band 6
Grammatik (Mittelstufe)
Best.-Nr. 1439-7

Thomas Möbius
Band 7
Kurzdiktate – 4. Sj.
Best.-Nr. 1449-4

Thomas Möbius
Band 8
Kurzdiktate – 5. Sj.
Best.-Nr. 1450-8

Thomas Brand
Band 9
Kurzdiktate – 6. Sj.
Best.-Nr. 1451-6

Thomas Brand
Band 10
Kurzdiktate – 7. Sj.
Best.-Nr. 1452-4

Thomas Möbius
Band 11
Die Facharbeit (Oberstufe)
Best.-Nr. 1453-2

Thomas Brand
Band 12
Protokoll, Schilderung, Kurzvortrag (Mittelstufe)
Best.-Nr. 1454-0

Walburga Freund-Spork, Winfried Freund
Band 14
Die Ballade
Best.-Nr. 1458-3

Sigrid Frank, Thomas Möbius
Band 15
ABC der literarischen Grundbegriffe (Drama, Epik, Lyrik)
Best.-Nr. 1459-1

schnelle Infos
auf das Wesentliche
konzentriert
von Lehrern und Schülern
getestet

Jeder Band
Euro 5,00[D] / 5,20 Euro[A] / sFr. 9,00

Plenzdorf, Die neuen Leiden des jungen W. 304
Rhue, Die Welle 387
Saint-Exupéry, Der kleine Prinz 378
Salinger, Der Fänger im Roggen 328
Sartre, Die ehrbare Dirne / Das Spiel ist aus / Im Räderwerk 342
- Bei geschlossenen Türen / Die schmutzigen Hände 302
Schiller, Don Carlos 6
- Jungfrau von Orleans 2
- Kabale und Liebe 31
- Maria Stuart 5
- Die Räuber 28
- Willhelm Tell 1
Schlink, Der Vorleser 403
Schneider, Schlafes Bruder 390
Schnitzler, Leutnant Gustl / Fräulein Else 374
Seghers, Das siebte Kreuz 408
Shakespeare, Hamlet 39
- Kaufmann von Venedig 32
- König Lear / Der Sturm 65
- Macbeth 117
- Romeo und Julia 55
Shaw, Pygmalion 237
Sophokles, Antigone 41
- König Ödipus 46
Stamm, Agnes 405
Storm, Pole Poppenspäler 194
- Der Schimmelreiter 192
Süskind, Das Parfum 386
- Der Kontrabaß 414
Tolkien, Der Hobbit 402
Walser, Ein fliehendes Pferd 376
Wedekind, Frühlings Erwachen 406
Wilder, Die Brücke von San Luis Rey 354
Williams, Glasmenagerie / Endstation Sehnsucht 382
Wolf, Kassandra 372
- Medea 415
Zuckmayer, Der Hauptmann v. Köpenick 150
- Des Teufels General 283
Zweig, Schachnovelle 384

Unser
Programm,
Infos
u. v. m.
gibt´s auch
online unter:

www.
bange-verlag.
de

oder

unsere Inhalte
digital unter:
www.school-
scout.de

Königs Lektüren

Unsere Lektüren zeichnen sich aus durch:
- **handliches Format (11,5 x 15,7 cm)**
- **klar lesbares Schriftbild**
- **Edierung der Texte nach wissenschaftlich-fundierten Grundsätzen**
- **zeitgemäße Gestaltung**
- **den besonders günstigen Preis (Vergleichen lohnt sich!)**

Jeder Band enthält ein Nachwort, in dem der Leser knapp über Leben und Werk des Autors sowie die Bedeutung der jeweiligen Lektüre innerhalb seines Gesamtwerkes informiert wird.

Büchner, Dantons Tod Bd. 3006
- Woyzeck Bd. 3009
Droste-Hülshoff, Die Judenbuche Bd. 3017
Eichendorff, Aus dem Leben eines Taugenichts Bd. 3014
Fontane, Effi Briest Bd. 3007
Goethe, Faust I Bd. 3003
- Die Leiden des jungen Werther - Bd. 3008
- Iphigenie auf Tauris Bd. 3015
Kafka, Erzählungen Bd. 3016
Keller, Kleider machen Leute Bd. 3011
Kleist, Michael Kohlhaas Bd. 3018
Lessing, Emilia Galotti Bd. 3004
- Nathan der Weise Bd. 3002
Schiller, Die Räuber Bd. 3010
- Kabale und Liebe Bd. 3013
- Wilhelm Tell Bd. 3012
Shakespeare, Romeo und Julia Bd. 3019
- Macbeth Bd. 3020
Sophokles, Antigone Bd. 3021
Storm, Schimmelreiter Bd. 3005

Alle Angaben ohne Gewähr
Nähere Informationen erhalten Sie im Buchhandel oder direkt beim Verlag.
C. BANGE VERLAG - Postfach 1160 - 96139 Hollfeld - Tel.: 0 92 74 / 9 41 30 - FAX 0 92 74 / 9 41 32
e-mail: service@bange-verlag.de

Die Reihe „Königs Erläuterungen" ist eine verlässliche und bewährte Lernhilfe für Schüler und weiterführende Informationsquelle für Lehrer und andere Interessierte: verständlich, übersichtlich, prägnant.

Was steckt in diesem Heft?

Max Frisch: Leben und Werk
- Biografie
- Zeitgeschichtlicher Hintergrund
- Angaben und Erläuterungen zu wesentlichen Werken

Textanalyse und -interpretation
- Entstehung und Quellen
- Inhaltsangabe
- Aufbau
- Personenkonstellation und Charakteristiken
- Sachliche und sprachliche Erläuterungen
- Stil und Sprache
- Interpretationsansätze

Themen und Aufgaben

Rezeptionsgeschichte

Materialien

Literatur

www.bange-verlag.de